BEING THE PERFECT
MIDDLE MANAGER
Nine Abilities of
Middle Managers

鲁 军/著

决胜中层

中层管理者的九项修炼

🌀 中华工商联合出版社

图书在版编目（CIP）数据

决胜中层：中层管理者的九项修炼/鲁军著. —— 北京：中华工商联合出版社，
2019.9（2023.6重印）

ISBN 978-7-5158-2541-0

Ⅰ.①决…　Ⅱ.①鲁…　Ⅲ.①企业领导学　Ⅳ.① F272.91

中国版本图书馆 CIP 数据核字（2019）第 154548 号

决胜中层：中层管理者的九项修炼

作　　者：鲁　军		印　　刷：三河市燕春印务有限公司		
责任编辑：于建廷　臧赞杰		版　　次：2019 年 10 月第 1 版		
责任审读：付德华		印　　次：2023 年 6 月第 2 次印刷		
营销总监：姜　越		开　　本：880mm×1230 mm 1/32		
营销企划：闫丽丽		字　　数：220 千字		
封面设计：周　源		印　　张：8.5		
责任印制：迈致红		书　　号：ISBN 978-7-5158-2541-0		
出　　版：中华工商联合出版社有限责任公司		定　　价：49.00 元		
发　　行：中华工商联合出版社有限责任公司				

服务热线：010-58301130
团购热线：010-58302813
地址邮编：北京市西城区西环广场 A 座
　　　　　19-20 层，100044
Http://www.chgslcbs.cn
E-mail: cicap1202@sina.com（营销中心）
E-mail: y9001@163.com（第七编辑室）

中层——为谁而生，因何而胜？

关于这本书，我想从一个真实的管理案例谈起。

W是某网络公司新提拔的中层，在设计部担任主管。为了凸显自己，W经常把老板布置的任务挂在嘴边，每当老板从身边经过时，他都故意以老板的名义教导下属要服从自己的安排："老板特别交代过，这个项目不能有任何纰漏，每一步你都要按照我说的去做。"

W自信满满地认为，这样的做法既能在下属面前扮好"黑脸"，树立威信，又能在老板面前扮好"白脸"，使其认为自己是得力的左膀右臂，更能凸显自己的个性。这让他自鸣得意。

没过多久，W就觉察到了下属的不满。他们对W的态度很淡漠，吃饭时刻意避开他。W想不通，他认为自己平时对待下属的方式完全是负责的表现，也是他的做事风格。

有一次，W把一个项目搞砸了，眼看老板阴沉着脸走过来，还没等老板质问，他就先对一位下属发了脾气："你自己跟老板好好检讨一下，为什么会搞砸？哪里出了问题？"

　　意外的是，老板并没有将怒火转发到这个下属身上，而是让那个下属先去好好工作，然后把 W 叫到办公室，说："我想跟你谈几个问题：第一，我始终都是直接给你授权，结果也应当由你承担。下属犯了错误，你要承担80%的责任。第二，你不必刻意假扮黑脸。我知道新上任的中层都需要在下属面前树立威信，也希望展示自己的能力，但你忽略了一点，虽然你以我的名义教导下属，但没有从我的立场上、从根本上解决问题……"

　　听完老板的话，W 心里愤愤不平。他心想："我只是受雇于你，又不是为你而'生'，凭什么这样要求我？"之后，W 还是按照自己的一套方法做事，无视老板的告诫。见其不思改正，老板只好让 W 另谋高就。

　　身为中层的 W，到底败在哪儿？或者说，他对中层管理者的认知，存在哪些错误呢？

　　让我们回顾他最后的心理动态——"我只是受雇于你，又不是为你而'生'"，这句话就是一个值得思考的关键点：企业为什么要设置中层管理者的职位？中层是为谁而生的？

　　当一个企业的高层管理者（或老板），没有时间和精力，或不适合直接从事某项工作时，就需要设置中层管理者的职位，帮他解决无法亲力亲为的事。从这个角度上来说，中层就是为高层（或老板）而生的。这属于管理学上的一种"替代效应"，即当上级有任务脱不开身时，中层应当自动自发地站在上级立场，承担起相应的责任，保证企业正常运转。

什么是站在上级立场，承担起相应的责任呢？这是很多中层管理者弄不明白的问题，W 就是其一。

所谓站在上级立场，不是指此时的你就是上级的角色，就能用上级的名义压迫下属，让其绝对服从；而是在代替上级处理问题时，设身处地地从上级的利益出发，以上级平日处理问题时的原则、态度、意见为导向，尽可能圆满地解决问题。

中层很重要，但又不好做，原因就在于它处在一个夹层，既要处理好与高层的关系，被上级管理；还要处理好与下级的关系，管理好下属。这需要中层管理者对自身的位置有一个清晰而准确的认识，知道自己该干什么、不该干什么，从锤炼自身做起，在言行举止上打造个人魅力与能力，培养出优秀的个人品质和良好的职业素养。

鉴于此，这本书选择以中层管理者的自我管理为起点，到职业能力的锤炼、工作方法的引导，再到自身心态的培养，形成一个较为系统的中层管理者修炼手册。书中的每一个细节都源自众多中层管理者实际工作经验的总结和提炼，并精选了大量经典、实用的案例，对中层管理者在工作中遇到的常见问题提供了具体的、可操作的解决方法和技巧。

　　最后，祝愿每一位中层管理者都能打造出自己独特的感染力、领导力与号召力，具备令人心服口服的能力，成为企业的骨干与脊梁，成为受企业欢迎、受高层欣赏、受下属尊敬的中层管理者。

◆ 第1项修炼：

自控力修炼
——伟大不是领导别人，而是管理自己

◆ 第2项修炼：

胜任力修炼
——从高级员工迈向优秀管理者

◆ 第3项修炼：

承担力修炼

——真正的领导力，从扛起责任开始

◆ 第4项修炼：

沟通力修炼

——让一千种思想为一个目标服务

◆ 第5项修炼：

决策力修炼

——方向盘在你手里，刹车在你脚下

◆ 第6项修炼：

执行力修炼

——决策前100%沟通，决策后100%执行

◇ 第7项修炼：

洞察力修炼
——善识人才，慎用庸才，驱逐蠢材

◇ 第8项修炼：

驱动力修炼
——给团队向上的力量

◇ 第9项修炼：

影响力修炼

——通往"无为而治"的唯一通道

第 1 项 修 炼

自控力修炼
——伟大不是领导别人，而是管理自己

伟大不是领导别人，而是管理自己

在给一家大型企业的中层管理者做培训时，培训师将这些中层分成了几个小组，然后进行讨论：想成为一个出色的中层，需要具备哪些职业素养？最差劲的中层有哪些表现？十分钟过后，几个小组都给出了讨论后的答案。

结果令人惊讶，不同的小组、不同性格的中层，给出的答案竟然极其相似：一个出色的中层，必须要目标明确、勇于担当、客观公正、专业能力突出，能帮助企业和员工成长；一个差劲的中层，朝令夕改、推诿责任、自私自利、能力有限。

回答完这个问题后，培训师又进一步让这些中层管理者反思：对于身为中层的自己，你对当下的表现是否满意？结果是，有一半的中层管理者都对自己的表现不满意。

问题出现了：为什么很多人都知道一个出色中层的标准，都知道具备这些职业素养是应当应分的，却在实际的工作中难以做到呢？原因就在于：知道答案，却没有走在通往答案的路上。换而言之，是自我管理出现了问题。

不少人曾经认为，伟大是领导别人。实际上这是错误的观念。

管理大师彼得·德鲁克说过："管理者能否管理好别人从来就没有被真正验证过，但管理者却完全可以管理好自己。实际上，让自身成效不高的管理者管好他们的同事和下属，几乎是不可能的事。管理工作在很大程度上是要身体力行的，如果管理者不懂得如何在自己的工作中做到卓有成效，就会给他人树立错误的榜样。"

伟大不是领导别人，而是管理自己。当一个人不能管理自己的时候，他就失去了领导别人的资格与能力。那么，作为一名中层，该如何实行自我管理呢？

·明确概念：什么是自我管理

所谓自我管理，就是战胜一个不够好的自我，拥有一个更强大的自我的过程。我们也可以这样理解，用"未来的自己"来管理"当下的自己"，即以优秀中层的标准为目标，来修正和完善现实自我的不足。

·明确内容：中层到底管什么

从宏观的角度来说，管理的内容就是"人"和"事"。而"事"在"人"为，所以，管理归根结底还是要落在"人"身上。中层管理者，对上级是执行角色，没有管理职能，不需要探讨；对下属是领导角色，带领团队要管理，实施目标也要管理。不过，这种管理不是用职权来压制和强迫，而是要以才能为基础，发挥领导力和影响力。如何实现呢？这个问题，最后又落在"自我管理"上。

·明确方向：怎样实现自我管理

正所谓，知人者智、自知者明。自我管理的前提，自然是了解自己。中层管理者可以借助于彼得·德鲁克的五个经典问题来了解自己：

1. 我是谁？我的优势、劣势和价值观是什么？
2. 我在哪儿？我属于谁？我是参与者、执行者，还是决策者？
3. 我该做什么？我怎样工作？有什么贡献？
4. 我在人际关系上承担什么责任？
5. 我的长期目标和计划是什么？

其实，上述的这些问题，牵涉几个非常重要的方面，在此简单地说明一下。

·中层自身岗位职责分析

在担任中层管理者的职位时，每一位中层都应该分析一下：自己的岗位职责是什么，公司对自己的职位期望和定位是什么，职位的发展空间、享有的资源是什么。只有弄清楚这些问题，才能在具体的工作中有的放矢。

J是一家公司的营销总监，也是一位"空降兵"。在上任之前，他花费了1个月的时间，系统地了解公司对品牌发展、销售管理、客服管理等方面的要求、现状和资源配置，详细到公司的营销计划、行业会议、广告宣传、市场分析、销售计划及产品组合计划、销售总结分析、客户回访机制，等等。

正因为有了前期的准备工作，J在上任之后，虽然也遇到了一些麻烦和阻碍，但大体来说还是很顺畅的。因为他能够梳理清楚每一项具体任务目标和资源，并能将任务合理地进行分解、细化，制订出可操作的工作计划。就职半年时间，没有出现方向思路不清、顾此失彼、遗漏重点的情况。

·中层自身能力、优劣分析

全面认识自己，是为了更好地管理自己。作为中层，要分析总结自己的优势、擅长领域，明晰自己的劣势和不足，才能摸索总结出适合自己的管理方式与行为方式。

每个人的特点不同，做事方式不同，这就直接导致管理方式的差异。比如，有的人做事雷厉风行、提纲挈领，这样的中层就需要用详细的计划来约束和支撑自己，避免跑得太快而导致与实际脱节；有的人心思缜密、做事谨慎，这样的中层就需要多向市场前端和产品一线推进，培养做事的魄力，提升实践能力与人格魄力。

同为中层管理者，有的人喜欢听，有的人喜欢说。对于前者，在管理下属时可以多采用书面的形式，避免自己没想清楚贸然提出建议，对下属造成误导；对于后者，在管理下属时可以多用口头方式，及时反馈和表述自己的想法、思路。两种方式没有绝对的优劣之分，适合自己的，能把事情处理恰当，就是好的。

如果不太清楚自己的优劣势，可以向周围的人寻求帮助，让他们给出反馈意见，并进行分析。如果几个很了解你的人都谈到一些共同点，那多半就是你的优劣势所在。发现自己的长处后，要充分利用和发挥，减少劣势带来的负面影响，及时改善和提升，即是提升自我的正途。

·中层的工作精力分配

总体来说，一个中层管理者应当将精力分割成三部分：70%用于对上负责的管理工作，20%用于部门管理，10%用于同级协调，并根据实际情况随时灵活调配。整体上保持这样一个树型结构，以对上负责为根基，部门管理为中坚，同级协调为树尖，为自己最大限度地拓展工作空间，提升工作效率。

·中层的自我时间管理

无论是哪一个管理者，其时间和精力都是有限的。除了必须要做的工作以外，每天还会有一些临时性的工作来袭，如开会、客户拜访、媒体约见、临时事务等。如果不懂得时间的管理和规划，很容易陷入疲于应对、顾此失彼的状态中，让自己疲惫不堪又低效。

T 是一家公司的行政主管，每天要处理大量的事务性工作。为此，她选择了将工作计划表和工作分类法结合起来的时间管理法，有了新的临时工作内容，就添加到工作计划表中，按照工作分类法的不同等级分类，优化处理顺序。晚上休息前，把当天工作计划中要处理的事务全部处理完，然后，根据工作计划的微调对计划表进行完善，完成后睡觉。

她每天都按照这样的方式来做，让每个在进程中的工作都能够按照计划的节奏推进，不会因为临时来了新的事务而受到大的影响。虽然每天都很忙，事情也很多，但她能够处理得游刃有余，很少出现手忙脚乱的情况。

管理自己是一件不容易的事，牵涉多个方面、多个问题，在后面的内容中，我们还会详细说明。把这部分放在开篇来讲，就是希望所有的中层管理者真正重视自我管理，并将其付诸实践。古今中外，欲成大事者先立身，只有先管好自己，才能带好队伍。

当不好被管者，没资格管别人

Z 在香港某文化传播集团任副总裁，结识了一个年轻的小伙子。当时，这个小伙子就是集团的一个普通职员。可是，几年后再相见时，他却已经成了一家上市公司的中层管理者。当时，他刚好负责一个投资项目，因而 Z 有机会进一步了解他。

近距离的接触和沟通后，这位小伙子让 Z 大吃一惊。原来，他竟是世界知名学府哈佛大学走出来的高才生。Z 不禁问道："你有这么高的学历，为什么当初能安心做一个基层的职员呢？"小伙子笑着答道："我不想省略走向成功的每一个步骤，虽然也可以选择一个高的起点，可是从基层做起，能让我熟悉每一个环节，对我以后从事管理工作、做决策很有帮助。另外，还有一个重要的原因，只有学会当好一个被管理者，才能当好一个管理者。"

身经百战的 Z 对这个年轻人的好感与敬佩油然而生。他知道，"想当好管理者，先得当好被管理者"，这个理念正是源自"商界西点军校"哈佛商学院。这个年轻人，不仅把理念深谙于心，更把它实践于行，难能可贵。

我们都知道，中层管理者在企业里扮演着一个双重角色：既是管理者，又是被管理者；既要带领好小团队，还要融入大团队。这样的特殊身份和角色，就决定了一个事实：中层想要当好管理者，必须先当好被管理者。

企业要的不是单打独斗，如果每个人都只强调自己的个性，各走各的路，团队就是一盘散沙，毫无凝聚力和战斗力可言。才能再高的管理者，也得学会做团队里的一分子。团队的核心竞争力，来自管理者能够融入团队中，管理团队如臂指使。无论是哪一种类型的组织，皆同此理。

微软公司曾经发生过这样一件事：担任副总裁的鲍伯狠心将一位名叫埃里克的总经理辞退。原因是，埃里克太过桀骜不驯、专横傲慢。实际上，鲍伯是一个非常爱才的人，他深知埃里克才华横溢，也希望他能够为公司效力。然而，埃里克屡教不改的陋习，给鲍伯精心打造出来的团队带来了很大的负面影响，辞退埃里克是衡量利弊后的无奈之举。

听闻此消息后，有不少技术专家为埃里克求情，希望鲍伯能够网开一面。然而，鲍伯却很坚定地告诉他们："埃里克的确很聪明，可他的缺点也同样很严重，我永远不会让他在我的部门做经理。"

最后，这件事传到了比尔·盖茨耳中，出于惜才之心，盖茨主动提出将埃里克留下，让他担任自己的技术助理。这件事让一向傲慢自负的埃里克受到不小的打击，他也开始真正地意识到自己的缺点和不足。

七年之后，埃里克凭借自己的努力，逐步晋升为微软公司的副总裁。十分戏剧化的是，他成了鲍伯的上级。埃里克不是一个心胸狭窄、睚眦必报的人，也没有因为鲍伯当年对他所做的辞退决定而心存恨意。相反，他对鲍伯是心存感激的。正是因为鲍伯的坚决，把他从恶习中唤醒，才成就了他今天的一切。

在后来的工作中，埃里克没有刁难过鲍伯，而是在管理方面努力向鲍伯取经。此时的埃里克已经懂得如何做一个好的管理者。与埃里克一样，鲍伯的表现也很令人称赞。当埃里克成为他的上级后，他没有流露出任何不满和不服的想法，而是积极地配合埃里克的工作，两个人相处得十分融洽，把公司的发展当成共同的目标和愿景。

埃里克的案例很有代表意义，最初的他之所以遭到辞退，原因就是无法当好一个被管理者；当他意识到了自身的问题所在，收敛了傲气与自负后，转而晋升成为一个好的管理者。

现实中，在不少中层身上都可以隐约看到"埃里克"的影子：才华突出、聪明能干、业绩惊人，但又很自我、很傲慢、不甘心听从别人的指挥。有时，他们会认为自己的想法比老板的决策更高明，因而对企业的策略产生抵触的情绪。然而，这些中层忽略了一点：在某一点上，也许你的想法是高明的，可站在整体和全局的高度来看呢？所处的位置不同，所站的高度不同，看问题的角度不同，看到的东西就不同，制定的决策肯定就会有差异。当高层制定出一项决策后，肯定希望先得到中层管理者的支持，而不是阻力。否则的话，中层管理者的作用如何体现呢？

况且，对任何一个企业来说，成员的能力与个性之间不能完全脱节，个性也需要服从于组织。如果每一个中层管理者都想强调自己的个性，不服从管理，又如何让自己所带的团队齐心协力、听从指挥呢？不听从指挥的团队，对任何企业来说都是一种隐患和灾难。

看到这里，可能会有人产生这样的疑问：难道作为一名中层管理者，就得完全抹杀自己的个性吗？当然不是了，在具体的实施中，你可以有自己的想法和独特的操作方式，但在组织的决策面前，当好被管理者永远是第一位的。否则的话，中层就不再是"黏合剂"，而是变成了"离心力"。

优化心智模式——心态是行动的纲领

"要做一个成功的管理者，态度与能力一样重要……我认为，自我管理是一种静态管理，是培养理性力量的基本功，是人把知识和经验转变为能力的催化剂……人生在不同的阶段中，要经常反思自问：我有什么心愿？我有宏伟的梦想，我懂不懂得什么是节制的热情？我有拼战命运的决心，但我有没有面对恐惧的勇气？我有信息有机会，有没有使用智慧的心思？我自信能力天赋过人，有没有面对顺流逆流时懂得恰如其分处理的心力……"

上述这番话，是商界领袖李嘉诚先生的一段肺腑之言。他想强调的是心态管理的重要性。且不说企业的管理者，就算是一个普通员工，如果心态管理上出现了问题，也可能会造成毁灭性的灾难，现实中这样的例子并不鲜见。

管理者带领的是一个团队，自身是成员效仿和听命的对象，倘若心态不稳、不健康，对企业而言就是一种隐患；心态不佳的管理者，也难以形成领导气质、领袖魅力。想要成为一个出色的中层，管理好自己的心态必不可少。

这是一个快速更迭的时代，也是一个充满不确定的时代。在这样的环境中，我们的工作、技能、思维方式总在不断地被颠覆，可在这一切的背后，有一样东西能够保持相对稳定，它就是心态。我们会产生某种想法，做出某种行为，都是心态、观念和心智模式决定的。

事实上，心态是一个老生常谈的话题。在此，就不赘述它的重要意义了，因为相关的内容太多，大家也基本都有所体会。我想着重地谈一谈，心态由哪些内容构成，中层管理者如何在工作中管理好自己的心态，该从哪几方面入手。

·有什么样的认知，就有什么样的心态

"半杯水"的故事，想必大家都听过。

把半杯水给不同的人，有的人第一时间所想的是："真好，还剩下半杯水！"有的人则变得很悲伤，感叹道："真糟，就只有半杯水了！"

"半杯水"只是一个客观事实，但人的认知却直接影响着他的心态——积极或消极，乐观或悲观。

什么是认知呢？简单来说，就是人脑接受外界输入的信息，经过头脑的加工处理，转换成内在的心理活动，进而支配人的行为。我们都活在自己认知的世界里，有什么样的认知，就会看到什么样的世界，做出什么样的行为。

对一个中层管理者来说，如果自身的认知出现了错误，将直接影响到他对周遭事物的理解。在这样的状况下，他的心态必然会失衡；而在不良心态的影响下，他的思想、决策和行为，也就很难保证不失偏颇。

某公司曾经聘用过一位职业经理人担任中层管理者，入职后很长一段时间，这位经理人非但没有做出像样的业绩，还让下属们怨声载道。原因就是，这位职业经理人存在一个根深蒂固的错误认知：老板就是资本家，就是剥削者！在职期间，他对公司和老板没有丝毫的感恩之心，还经常把自己放在和老板对立的位置上。他的世界里从来都没有"合作共赢"的概念，只有"你多我少"的比较。

时间久了，老板也看出了他的问题，只好委婉地将其辞退。老板讲道，这样的人防范心很重，似乎周围的人都准备算计他。如果仅仅是针对自己，那倒也没什么，问题就在于，这样的人无论跟谁在一起，都在算计和计较。在他的认知中，整个社会都是"你多我少"和"你少我多"的关系。

可见，错误的认知，会给人的心态和行为造成严重的负面影响。

有一个问题，大家可能更想弄明白：我们的认知是如何形成的呢？为什么有的人会有偏颇的、扭曲的认知？这就牵涉三个方面——经验、背景和信息。

有不少新晋的中层表示，这个职位和工作与他之前想象得不太一样。实际上，这就是经验对认知的影响，过去没有当过中层，自然也就不知道中层的处境、职责、工作内容，在过往的人生中，这部分是空白的，因而在对中层的认知上必然会存在一些偏差。

很多单位在招聘时会对应聘者的学历、专业、年龄、管理经验提出相应的要求。其实，这些都是在筛查应聘者的背景，因为它会直接影响一个人对工作的认知。你做过中层管理者，有十年的实践经验，那你自然对这份工作有心得体会。

我们对一个事物的理解，有一部分源自思考，还有一部分源自外界的信息。有些人之前没有担任过中层，但他系统地学习和了解了管理学方面的内容，并在上任之前就培养出了中层必备的能力与素养。他在任职之后，并未觉得工作棘手，相反还做得不错。这就是信息对认知以及行为的影响。

作为中层管理者，对工作和职位有一个正确的认知，是上任前就应当做好的准备工作。只要意识到自己存在这方面的问题，及时修正都不算晚。多学习相关的知识，多跟优秀的人接触，积累经验、优化背景、拓展信息收集的渠道、提高信息分辨能力，就能不断地改变认知，扭转不良心态。

·有什么样的价值观，就有什么样的行动纲领

每个人都有自己的价值观念和价值取向，它直接决定着一个人的心智模式，更是一种行动纲领。层次越高的人，价值观

对其影响就越大，这也是为什么商界里会有"生意人""商人"和"企业家"之分，根本的差别就在于：生意人为利益而活，有钱就赚；商人有所为，有所不为，把握机会；企业家以创造价值为己任，而利润只是结果。很显然，三者的最大差别，就在于价值观念不同。

黄埔军校培养过大批的杰出军事将领，在其大门上有一副对联——"升官发财请往他处，贪生怕死勿入斯门"，全校师生信守国家、责任、荣誉、牺牲、团结、勇气、自信的核心价值。每一位置身于此的学员，内心认同了这样的价值观，自然就会把它们当成行动纲领，朝着为荣誉而战、忠诚于国家的方向努力。

价值观包含三个重要的部分：是非观、得失观、财富观。从字面意义上看，都很容易理解，可在现实中真正能够树立正确的价值观并坚持下去的企业和管理者并不多。企业没有利润，就如同鱼失去了水，难以长久生存下去，但企业经营不能仅仅为了赚钱。经营企业，需要有超越利润的愿景和追求，这样才能团结更多的人。

企业如此，高层如此，中层亦如此。稻盛和夫是两大世界级企业的创办者，在被问及经营企业如何做决策时，他是这样回答的："经营和决策怎么做？就想一个问题——作为人，何为正确？这个问题想明白了，决策该怎么下，企业该往哪里走，也就出来了。"

在管理工作的过程中，每一位中层都应该树立正确的是非观、得失观、财富观。这样，才能在做事时形成大格局，拥有正确的心态，带着超越利益的目的，实现超越利益的结果。

·有什么样的情绪，就有什么样的工作效率

心情低落的时候，你能全身心地投入工作中吗？你能在困难面前拿出死磕到底的劲头吗？很少有人可以做到。在工作中，我们的情绪主要受三方面因素的影响：环境、压力和人际关系。

如果团队总是死气沉沉的，不但中层自己会感到压抑，团队也会士气低下。所以，作为中层管理者，一定得为团队营造积极的氛围，创造有利的环境。

压力过大时，人的情绪就会不稳定，甚至变得暴躁。可是，没有压力和目标，人又很容易变得迷茫、混沌。所以，中层管理者一定要学会调适压力，既不能让压力太大把自己压垮，也不能完全没有压力。

人际关系对情绪也有很大的影响。中层管理者处在"夹心层"，既要处理好与上级的关系，也好处理好与下属的关系，只有人际关系融洽，才能真正做好承上启下的工作。关于这一点，我们在后面的内容中也会详细讲到。

心理学上把对人有鼓励、激励、促进、提高效率等积极作用的情绪，称为"增力情绪"，它能让人在受挫后依然保持乐

观的心态。相反，那些让人烦恼懈怠、萎靡不振等的消极情绪，会阻碍人们奋进努力，让人身心受损、学习工作缺乏活力，效率低下，称为"减力情绪"。

中层管理者从事的领导活动，涉及企业、部门的工作发展，以及大团队和小团队的利害得失，需要积极情绪也就是增力情绪的支持。所以，中层管理者要自觉主动地对个人情绪进行控制，保持较长时间的增力情绪的刺激，创造良好的心境。只有自己塑造出了良好的心态，才能游刃有余地处理相关事务，并更容易让人接受。归根结底，领导别人之前，先领导好自己。

管理脾气和管理能力一样重要

"我发现自己很容易发脾气，每次碰到员工或是客户开会迟到，我都会怒火中烧，忍不住指责对方不守信、不尊重人，为此得罪了不少人。我知道这样做不好，事后也经常自责，可我就是控制不住这种坏脾气，该怎么办呢？"

说这番话的人，是某企业的一位中层女主管。她说的是自己的烦恼，可很多人看过之后，都觉得是在说自己：作为中层管理者，肩负着不小的职责，下属在工作中出现这样那样的问题，或是因马虎犯下不该犯的错误，甚至经过再三警告还不改正，着实让人恼火。为此，许多中层会以发脾气的方式来表达不满。

然而，发脾气能解决问题吗？事实告诉我们，这种做法发挥的效用极其有限，非但解决不了实质性的问题，还很容易伤害上下级的关系。道理浅显易懂，但为什么遇到问题时，就像那位女主管所说，完全控制不住自己的脾气呢？

从心理学上讲，情绪反应是一个很固定的模式。令人感到生气的情况，就是那几种；令人沮丧的事情，也无外乎那几件。每当这些特殊的情境发生时，我们就会启动固定的情绪反应，就像事先设计好程序的电脑一样，很自然地就会情绪爆发。我们所有的学习经验，都会在大脑中产生新的神经回路，情绪反应的学习也是这样。

举个例子，当我们第一次遇到下属不听劝导、冲动行事时，忍不住发了脾气，这个情绪反应的经验就形成了一个新的神经回路。如果不是有意识地去修正，今后再碰到类似的情况，就会不假思索地去斥责对方的行为。

这就是我们在情绪上重蹈覆辙的原因，倘若这些负面的情绪反应模式不改变的话，就会一直为了某件事情生气，或一直为了某件事担忧。要改变这种情绪反应，防止负面情绪的出现，最重要的是找出自己的"情绪雷区"。

什么叫"情绪雷区"呢？就是那些引爆你负面情绪的东西。每个人都有自己独特的情绪雷区，有时一个人的雷区可能是另一个人的安全区，并不会引爆他的坏情绪。比如，你可能很在意下属是否有时间观念，而另一个人却对迟到这件事不敏感，导致这一差别的原因是，每个人成长的环境、生活的经验、父母的教导、自身的历练和个性不同，因而使得每个人的情绪雷区都有不同的范围。

对于一个中层管理者来说，该如何画出自己的情绪雷区图呢？

· 检视情绪

回顾过去的 1 个月里曾经出现过如下情绪的情境：

当……时，我感到难过。

当……时，我感到愤怒。

当……时，我感到焦虑。

当……时，我感到厌恶。

当……时，我感到疲惫。

· 思索核心价值观

所谓的核心价值，就是心中那些根深蒂固的想法和观念，是它们形成了"我是我"的基础。核心价值观不太容易改变，如果有人（包括自己）的言行违反了自己的核心价值，愤怒的情绪就可能会爆发，继而成为情绪雷区里的"地雷"。例如，你很看重诚信，如果有下属欺骗你，那你很可能就会大发雷霆。这些对我们而言很重要的信念，往往就是"情绪地雷"的导火索。

所以，你要检查一番，知道自己的核心价值观都有哪些。具体而言，你可以试着问问自己下列的问题：

我认为员工应该表现出的理想特质是什么？

我认为工作中有哪些价值和规范是很重要的？

我欣赏的优秀者身上有哪些吸引人的品质？

把这些答案汇总起来，会看到一连串的词语，这些就是你的核心价值观。当你了解了自己最看重什么东西，坚信什么理念，你就能更好地发现自己的"情绪地雷"。

在画出情绪雷区图之后，接下来要做的就是规避雷区。具体怎么做，因人而异，方法多种多样。作为中层管理者，你可以开诚布公地把自己的"雷区"呈现给你的下属，让他们知道你不喜欢、不能接受哪些事情，要求大家避免这些事情。这样一来，不但让自己免受负面情绪的困扰，也不用因为下属不知情误闯"雷区"闹得不愉快。

讲了这么多内容，目的其实是想提醒各位中层管理者，采取适当的方法，能不发火尽量不发火。如果说下属经常性地犯某种错误，屡教不改，你忍无可忍大发脾气，那一定要记得：对事不对人。

正确的批评是对事不对人，虽然批评的是下属本人，但不能进行人身攻击、情绪发泄。发脾气的目的是解决问题，确保类似的错误今后不再发生，或是降低发生的概率。只要错误能够得到改正，问题得到解决，批评就是成功的。

要达到这个目标，中层管理者必须弄清楚事情的来龙去脉，和下属一起分析问题发生的原因，力求以理服人。秉持这样的态度和方式，下属会更积极主动地协助领导解决问题。如果不问青红皂白就训斥，很容易让下属认为，领导是故意让自己难堪，从而产生怨恨的心理。从另一个角度来说，人和事原本就是统一的，事在人为。纠正了问题，就等于批评了当事者，而这种做法更容易为下属所接受。

不过，发脾气这件事情，无论处理得多么高明都免不了会伤人，只是伤人有轻有重而已。所以，一旦发了脾气，就要想好如何做善后的安抚工作，缓和尴尬紧张的氛围。

日本松下公司创始人松下幸之助先生被商界誉为"经营之神"。不过，这位出色的企业家经常在工作中责骂自己的部下。但是，他的责骂并没有让下属怨声载道，原因就在于他责骂之后的处理方式很巧妙。

后藤清一曾在松下公司任职，有一次，他因为一个小错误惹怒了松下先生。当他走进松下的办公室时，看到松下正气急败坏地拿起一只火钳用力地往桌子上拍。接着就对后藤清一发了一通脾气。听完了松下的斥责，后藤正准备悻悻地离去，不料松下却突然叫住他说："等一下，刚才我太生气了，把这火钳弄弯了。麻烦你费点力，帮我把它弄直，好吗？"

后藤清一无奈，只好拿起火钳使劲敲打弄直它。在敲打的过程中，他的心情也开始慢慢平复。当他把变直的火钳交给松下时，松下看了看，说："嗯，比原来的还好，你真不错。"然后，露出了满意的笑容。听了松下的夸奖，加上之前心情已经平复不少，后藤清一的情绪变得不再那么糟糕。

这就是松下的高明之处，在责骂了下属之后，以题外话来缓和气氛，并称赞对方。

当然，更精彩的还在后面。在后藤清一离开后，松下悄悄给他的妻子拨通了电话，说："今天你先生回家，脸色一定很难看，请你好好地照顾他。"原本，后藤清一在遭受了一通责骂后，准备辞职不干。可是，松下的做法，却让他的心结一下打开，产生了由衷的佩服，又回心转意继续在公司工作，而且还发誓要干得更好。

总而言之，中层管理者在工作的过程中，要尽量管理好自己的脾气，清楚自己的情绪雷区，尽量避免用发火的方式解决问题。一旦没有控制住，向下属发了脾气，切记对事不对人。在发火之后，也要及时安抚下属的情绪，不要让负面的情绪过度积压。唯有及时地疏解，才能为下一步的彼此协作铺平道路。

自省力有多强，竞争力就有多强

《论语·里仁》里讲："见贤思齐焉，见不贤而内自省也。"

这是孔子提出的一种自我道德修养的方法，也是一个人自我管理应有的正确态度。所谓"自省"，就是自我反省，觉察和反思自己的思想与行为，及时地"向内看"，改正自己的错误，把那些不好的东西消灭于萌芽的状态，从而成就更好的自己。

自省能力是中层管理者必备的能力。身为企业部门的领导者，只有不断地完善自己，敢于时刻面对自己的不足，自我鞭策，对自己有高要求，才有资格去要求别人。很多中层并不缺乏专业能力和分析能力，但缺乏对自己的觉察和反省，因而在工作中凸显了这样的毛病：高傲自负、藐视他人、刚愎自用、唯我独尊。当他们以这样的方式去处理工作时，很快就失去下属的尊敬与好感，没有了群众基础，如何打造高效能的精英团队？如何创造优秀的业绩？

2011年，看过一本关于人力资源深度开发与精确管理的书籍，名为《自省决定成败：标准细节日记》。这本书里提到了一个观点：什么是以人为本的核心竞争力？无论是个体还是团队，无论是家族还是国家，要取得任何成功，都离不开自省。

在实际的工作中，经常会出现这样的情况：管理者在统计团队员工人数时，总是有意无意地把自己漏掉，专门列在管理者或领导者的名单里，与员工"划清界限"。仅仅是一个无意的、细微的举动，却暴露了一个严重的问题：他们没有真正地认识自己的角色，任何一位中层管理者必先是承担责任的员工，后才是行使权力的管理者。管理者的首要工作是什么？不是管理别人，而是先管好自己，真正能够回答这些问题：我的职责是什么？我要怎么做？如何实现高效的管理？

如果中层管理者的惰性较强，这种作风会严重影响到团队员工，让他们滋生没有人催就不做事的思想。结果，整个团队就变成了"人不管事，事无人管，彼此推诿"。管理者是员工的标杆，作为团队的领袖，一定要以身作则，不断反思和总结自身的工作，找出新方向、新方法，为自己和团队加分。

作为中层管理者，具体该怎样实现自省呢？

·勇于认错，主动接受批评

要做到自省，先得具备勇于认错、主动接受批评和自我批评的谦逊态度。在和自省相关的众多因素中，谦逊极其重要。

如果没有谦逊的态度，就无法诚恳地接受批评，更不能通过认真地反省去提升自己。

有些中层拒绝反省，原因在于害怕别人因此看轻自己。实际上，无论从哪个角度来说，这种想法都是自欺欺人的。倘若真的犯了错误，别人必然能够看到，在这样的情况下依旧坚持己见，反而会给人自视清高、刚愎自用的印象。

碍于面子而不承认错误，拒绝改进自己，并不是明智的选择。自省和接受批评的目的，是为了今后减少错误的发生；如果在错误发生后一味地遮掩，可能还会犯更多的错误，让问题变得更加严重，得不偿失。

·不断追求进步，不做"差不多先生"

自省的最终目的是为了提升，从而获得进步。因而，自满就成了自省路上的头号大敌，如果什么事都抱着"差不多就行"的标准，则很难懂得自省的价值，更不可能拥有继续前进的动力。一个出色的中层管理者，事事时时都要问自己：如何才能做得更好？只有这样，才能把自省的态度转变成前进的动力，不断地提升自己。

一次，微软的一位新任市场经理，带着微软某个知名的软件产品参加行业内的一个展会。会后，他兴奋地给该产品的所有员工发了一封电子邮件，说："我很高兴地告诉大家，我们在此次展会上获得了全部十项大奖中的九项！让我们一起庆祝和狂欢吧！"

让他没有想到的是，一个小时之内，他就收到了十几封回信，回信的内容惊人地相似，大家都在询问："我们没有得到的是哪一个奖项？为什么会没有得到？你为什么不告诉我们这方面的情况呢？在这个失掉的奖项里，我们能总结出哪些教训？明年要如何才能够包揽全部奖项？"

看到这些邮件的那一刻，这位市场经理惊呆了。他完全没有想到，微软的员工竟然如此在意那个失掉的奖项。恰恰是在那一刻，他才真正理解，为什么微软能够不断推出深受市场欢迎的产品，并在软件巨人的位置上持续地获得成功。

企业里，无论是引领方向的高层管理者，还是身处基层的员工，都应秉持自省的态度和谦逊的美德，在问题面前敢于自我批评，朝着更好的方向努力。作为一名中层，要彻底扭转自得自满的思想观念，反思和改进自己不好的思想观念和行为做法。

·听取他人意见，虚心接受指教

比尔·盖茨曾对微软的员工说："客户的批判比赚钱更重要。从客户批判中，我们可以更好地汲取失败的教训，将它转化为成功的动力。"除了听取客户的批评和意见，微软公司还鼓励员工畅所欲言，对公司的发展、决策、现状、问题乃至管理者的缺点，毫无保留地提出批评、建议或改进方案。比尔·盖茨总结说："如果人人都能提出建议，那就说明，人人都在关心公司的发展——这样一家公司怎么可能失去竞争力呢？"

虚心听取他人的意见，是自省和进步的又一途径。与此同时，中层管理者还要主动去寻找自己尊重的、能够及时指出自身问题和不足的"导师"，他不但能在学识上教导你，在你犯错时提醒你，还能教给你一些为人处世的原则、看待问题的角度、应对突发事件的能力等。在选择"导师"时，为了能让对方更加客观地对你提出批评意见，选择与你没有直接的隶属和利害关系的人更为合适。

当他人给予你真诚的反馈意见时，你要学会倾听的艺术，在听取正确的意见后，用积极的、切实的行动去改正自身的问题。这样一来，你才能够在上级和下属面前，展示出可依赖、可信任、懂自省的真实品行。倘若只是表面承诺而不认真地反思悔改，不但让人觉得不靠谱，未来也不会再有人愿意花时间和精力去指出你的缺点和错误。

·事后认真反省，努力提升自我

每完成一个项目之后，中层管理者要及时对自己的工作结果进行评估，列举需要改进和提升的问题，制订出切实可行的改进计划，让自己在有效的执行中完成自省和提升的过程。

在这方面，微软公司做得就很好，每推出一个产品后，它都会留出一段特别的时间，让整个产品团队进行一次全面细致的"事后自我批评"。产品团队的所有成员都要回答这样的问题："你自己在什么地方可以做得更好？整个团队在什么地方可以做得更好？"进行这样的分析讨论，能够帮助其他产品团队避免类似的错误。微软的管理者相信，只有彻底找出研发过程中的所有教训和错误，才能避免今后重蹈覆辙。

当一个人置身于管理者的岗位上时，他是否拥有事后自省的态度和勇气，直接关系到他能否从失败中重新站起来，也直接关系到他能否在领导力方面实现从优秀到卓越的过程。

第 2 项 修 炼

胜任力修炼
——从高级员工迈向优秀管理者

要胜任中层，先做好形象设定

尼采说："聪明的人只要能认识自己，便什么也不会失去。"

胜任中层的第一步，就是要认清自己的角色。一个缺乏自我认识的中层管理者，很难在企业中找到自己的位置，而这样的中层管理者，对企业来说无疑是一场灾难。所以，作为中层管理者，一定要了解自己在企业中所处的位置和地位，并对自己的形象进行定位设计。

· 在上级面前的形象设定

在上级面前，中层管理者的身份从管理者变成了被管理者，这一转变过程容易让中层管理者陷入迷茫。那么，在这种关系中中层管理者应该如何把握呢？

首先，没有上级的支持，中层管理者很难顺利地对下属进行管理，其地位也难以保持。其次，上级是中层管理者追求的目标，中层管理者不能等待上级来接近自己，而是要主动去拉近双方的关系，促进双方的交流，尽可能给上级留下一个好印象，为巩固自己的地位以及顺利开展工作奠定基础。

在处理上下级关系时，中层管理者要考虑到自己的双重身份——管理者与被管理者，协调好下级与管理者这两个看似冲突的社会角色。作为中层管理者，你要成为上级的得力助手，把上级的指示在实际中落地；同时，也要具备独立思考的能力，不能对上级唯唯诺诺，发现上级存在错误时也要以合适的方式帮助其修正。

总而言之，中层管理者在上级眼中的形象，应该是一个有能力、有思想的管理者，而不单纯是一个下级。如果中层不能在上级面前充分展示自己的能力，甚至摆出一副阿谀奉承的模样，置原则与人格于不顾，不但会损坏自己中层管理者的形象，也难以得到上级的尊重。

在上级面前的形象设定，也要根据具体情况灵活应对。如果与上级的关系很密切，是朋友、旧同事或老上级，可以随意一些，但不能忽视基本的原则，亲密要建立在有节、适度和相互尊重的基础上，以免损坏彼此的形象。如果双方只是公务交往，则要严格一些，力求给上级留下值得信赖的印象，而不能一味去追求与上级建立朋友关系。

另外，在设定自身的形象时，也得考虑到上级的性格特点。如果上级比较民主，性格宽容，喜欢有棱角的下级管理者，那不妨在他面前设定一个正直的形象。反之，就要给予上级以善解人意、设身处地为对方着想的印象。

·在同级面前的形象定位

企业有多个部门，自然就有多个中层管理者。在同级的同事面前，彼此的身份都是管理者，要尽力避免因小节而损害管理者尊严的情况发生。具体来说，在处理同级关系时要做到以下几点：工作上积极配合，不越位擅权；问题上明辨是非，不斤斤计较；才干上见贤思齐，不嫉贤妒能；协作上加强沟通，不相互猜疑；成就上支持帮助，不揽功推过。

·在下级面前的形象定位

管理者是相对下级而言的，没有下级就没有管理。但我们开篇时讲过，管理的第一要务不是领导别人，而是管好自己。因为员工的学习动力，有很大一部分来自领导的榜样力量。所以，中层管理者在要求下属做到某件事之前，自己先得做到，哪怕是微不足道的细节、不易觉察的动作，也要树立一个示范的榜样。

对待下级和对待上级一样都需慎重，如果中层管理者得不到下属的认可，就无法维护管理者的地位，更不能有效地展开工作。虽然中层管理者不用像对待上级那样在增进联系、促进交流上自己更主动，但也不能在工作中采取"坐等"的方式，要具备一定的主动性，不然就会失去下属的信赖，不利于工作的完成。

在下级面前，中层管理者应当是一个值得效仿的楷模，也应当是一个可依赖和信赖的导师；不仅要用自身的影响力感染团队和下级，还要尽量考虑到下级的利益要求，关心爱护他们。如果只是空喊口号，只想表现自己，不顾下级的感受，最终会让下级离心离德。

下级和中层管理者之间的关系也存在亲疏远近，虽然与下级保持良好的关系很必要，但前提是不危害正常公务关系。心理大师弗洛伊德有一个理论：管理者维护一个集体，是以每个成员都能感受到管理者对成员的爱为条件的，一旦这种感受变得很弱，集体就将解体。所以，管理者不应与下级中的个别人保持过分亲密的关系，即使这种亲密关系已经存在，也要跟公务交往彻底分开，防止在其他下级心中留下不公正的形象。

另外，中层管理者还要在下级面前塑造一个同盟者的形象。当部门遇到危机或一些棘手的难题时，中层管理者要亲自参与，共同分析，研究对策，不能袖手旁观，当一个只用嘴巴发号施令的人。要知道，亲自参与进来，为的是向下属传递一种同舟共济的信念，这样的做法比单纯的鼓励更有力量。

综合而言，中层管理者在企业中担负着多重角色，对自身角色的认知程度，是衡量中层管理者工作能力的一个重要方面。唯有设定好在上级、同级、下级面前的形象，时刻把自己的角色分清楚，充分认识自己、了解自己，知道自己是谁之后，才能更好地完成任务，成就自身与团队的卓越。

中层缺"德"，企业失格

李开复在给学生的公开信中提到：

我在苹果公司工作时，曾有一位刚被我提升的经理，由于遭受了下属的批评，沮丧地找到我，让我再找一个人接替他的职位。我问他："你认为你的长处是什么？"他说："我自信自己是一个正直的人。"我告诉他："当初提拔你做经理，就是因为看中了你的公正无私。管理经验和沟通能力，都可以在日后的工作中学习，但一颗正直的心是无价的。"

我支持他继续做下去，并在管理和沟通技巧方面为他提供了一些指点和帮助。最终，他不负众望，成了一个非常出色的中层管理者。现在，他已经是一个颇为成功的首席技术官。

在工作的过程中，我还面试过另外的一个求职者，与上述的情况刚好相反。

这位求职者在技术、管理方面都很出色，可在谈论之余，他向我透露出一个暗示：如果我录用他，他甚至可以把在原来公司工作时的一项发明带过来。很快，他就意识到了这样的说辞有些不妥，于是特意说明：那些工作是他下班之后做的，他的老板并不知道。

这番谈话结束后，我已经有了决定：无论这个人的能力和工作水平怎样，我都不会录用他。原因就是，他缺乏最基本的处世准则——"诚实"，以及最起码的职业道德——"守信"。如果雇用了这样的人，谁敢保证他不会在这里工作一段时间后，把在这里的工作成果当成所谓的"业余之作"，当成"贡品"转而向其他公司示好呢？一个缺乏职业道德的人，上级怎么敢录用他，怎么敢把重要的任务交给他去做呢？

选择了一种职业，同时就选择了这个职业要遵守的职业道德。职业道德在表现形式方面是具体的、灵活的、多样的，与各种职业要求和职业生活相结合，比如教师要为人师表，医生要救死扶伤，军人要服从命令。作为企业的中层管理者，在职业道德方面不但要坚守本行业的职业操守，同时还要具备强烈的责任心、忠诚敬业，得上级信任，得下属敬佩。

某公司的技术部经理 W，行事果断有魄力，谈判也是一把好手，深得老板的器重。

有一次，一位在商业活动中结识的朋友请他到酒吧喝酒，几杯酒下了肚，对方说："有件事情我想请你帮忙。"W 觉得很奇怪：毕竟两人的关系并不算太熟，自己能有何事帮得上他呢？

对方说："最近，我跟你们公司在谈一个合作的项目。如果你能给我提供一份相关的技术资料，我在谈判中就能占据主动地位。"W一听，皱着眉头说："什么？这不是让我泄露公司的机密吗？"

见W有些为难，对方故意压低声音，说："这个忙我不会让你白帮的，我给你10万块钱作为酬劳。还有一点你放心，我绝对会为这件事情保密，对你不会有任何影响。"说完，就塞给W一张10万元的支票。W心动了。

在后来的谈判中，W所在的公司非常被动，损失很大。事后，公司查明了原因，W遭到了辞退，而那10万块钱的酬劳也被公司追回作为赔偿。W不仅没赚到钱，大好的前途也丢了。更糟糕的是，他在业界也算是小有名气的人，出了这样的事，很难再找到信任他的下家。

事实上，前老板很欣赏W的才华，也有意重点栽培他，可没想到他竟然为了一己私利背叛公司，对于这种缺乏职业操守和做人底线的人，就算他再有能力，公司也不敢用他。当原来的下属听闻W的行径后，过往的那份尊敬与好感也荡然无存。

在这个世界上，要做好一件事，先得做好一个人。中层管理者的一言一行会影响到整个团队和企业，且其职业道德水平更是直接影响着下属的职业道德水平。一个缺乏职业道德的领导，如何指望能被老板信任，能让下属听从你的指挥？缺乏职业道德的领导，只会遭受上级和下级的鄙夷，不可能赢得尊重，更谈不上人格魅力。

在职业道德方面，不同的行业有不同的标准。然而，无论身处哪一个行业，一位优秀的中层管理者都应当遵守下列几点最起码的职业道德：

- 热爱自己的工作，具有敬业精神
- 遵守企业制定的道德规范
- 维持企业的道德责任感，诚实守信
- 强化企业在业界的形象和声誉
- 不做有损企业声誉和利益的事
- 永远把客户的需求放在第一位
- 严格控制生产和服务成本，获取合理利润
- 确保各方面的安全和效率
- 杜绝违法和不道德的行为

专业——中层的第一说服力

在海尔集团内部，有这样一段故事。

孙某是海尔集团电热事业部的中层管理者，他进入海尔集团时，海尔已经是国内知名的电器品牌了。孙某认为在这个大型企业内任职定会有不错的发展空间，能助他实现远大的事业理想。

然而，现实和理想总是有落差的，孙某想象中的"海尔"，跟实际中的"海尔"有很大的不同。尽管海尔品牌家喻户晓，但在市场上火热的产品只有海尔冰箱和洗衣机，其他产品的销售情况并不乐观，而他恰恰被分到刚刚起步的电热事业部，负责小家电热水器和微波炉的推广。原本充满热情、满怀一腔抱负的孙某，如同被浇了一盆冷水。

最初的那段时间，每次有客户问："海尔也出微波炉吗？"孙某都感觉很尴尬。当时，海尔微波炉和热水器的月产量不足万台，就连同行都说："小家电不是海尔的强项……"现实的情况摆在眼前，的确不容乐观。可经过一段时间的调整，孙某还是冷静下来，开始理性地思考自己所在部门的前途。

孙某认为，随着人们消费水平和住房水平的提高，热水器也会跟空调、冰箱一样逐渐在家庭中普及，所以小家电在未来会有不错的市场表现。要让海尔的小家电在市场上脱颖而出，占据优势，就必须在原有的基础上进行创新，力求在产品性能和质量上都成为佼佼者。

经过一番思考与调查，孙某决定把电热水器的研发作为部门发展的突破口。此时，国内有多家媒体报道了电热水器因质量问题而发生事故的事件，这给孙某带来了很大的触动。他想：如果能够使电和水分离，是否就能避免这样的事故发生呢？随后，他就带领海尔电热事业部的全体员工，全身心地投入这项创新研发中。

1996 年，海尔生产了第一台水电分离式热水器。刚打入市场，就被抢购一空。自此，海尔在小家电行业的地位逐渐提升，原来在海尔集团内部被视为"冷板凳"的电热事业部，也成了海尔的骄傲。不过，孙某并没有满足于这样的成绩，他深知，唯有不断创新才能在市场上持久立足。随后，在团队的共同努力下，电热事业部又开发了多种热水器。现如今，电热事业部已经成为海尔的一个颇具竞争力的部门。

麦肯锡公司的一项调查结果显示：很多公司之所以能够保

持持续发展，改革成就斐然，其关键因素并不在于高层管理者，而在于有一批具备改革精神的中层管理者，以及具有丰富专业知识的专业人才。结合海尔集团电热事业部的实例，我们也能够看出，中层管理者在企业实际管理工作中具有巨大作用。

中层管理者不是普通的员工，其个人素养的高低直接影响到一般员工的职业行为，甚至影响到公司能否获得进一步发展。虽然每个企业都有自己的标准和要求，但在选拔中层管理者时，都会首先考虑候选人是否掌握了部门工作所需的专业知识和技能。

为什么要强调专业知识和技能呢？作为企业的中坚力量，专业知识是克服困难的力量，更是收获人心的力量。你有了足够的专业知识，才能回答下属不能回答的问题，当你用丰富的知识为下属带来利益时，下属才会对你产生敬佩感。从这一角度来讲，扎实的专业知识是中层管理者凸显个人魅力的一个重要因素。

有些管理者认为，身在中层的岗位，多学习一些管理学知识就行了。其实不然，在实际的管理工作中，想依靠某一方面的理论知识去解决所有问题是不太现实的。每个中层管理者都必须根据自己所从事的行业的性质，对自身所要具备的专业知识进行有针对性的强化，如财务知识、行业知识、产品知识，等等。

这是一个日新月异的时代，信息的更迭很频繁，且下属们在学历、知识更新方面比很多管理者都更胜一筹。面对这样的情境，中层管理者想要成为"师者"，就必须进行广泛、深入的学习，这样才能让功底越来越深厚，经验越来越丰富。

具体来说，就是要随时随地研究自己所处领域的知识与技能，有刨根问底的精神。在这方面，万万不可随意应付，不求甚解。有不少管理者被从中层岗位上撤下来，其中很大一部分是因为没有进一步发展的能力，驻足不前，被人超越。

身在管理者的岗位上，就要起到一个领导者的作用，有能力让下属愿意听你的安排，乐意配合你的工作，在你的指导下完成任务。这一切不是仅仅依靠下达口头命令就能实现的，而是要以专业的知识和丰富的经验为基础，带领团队开展工作。

面对每一个具体的工作事项，中层管理者必须要有能力给予下属合理的指导。很难想象，一个对专业知识知之甚少的管理者，能有效地带领下属攻坚克难、解决问题。要成为优秀的中层管理者，就得不断夯实和精进自己的专业知识，毕竟"喊破嗓子不如做出样子"，打铁还需自身硬。

品格的魅力 > 权力与命令

爱国者集团总裁冯军，曾在一次集团学习讨论会上说："在工作中，每一位成功的领导，无一例外地都具有他们特殊的人格特质，他们不仅能激发员工们的工作意愿，还具有高超的沟通能力，能动之以情、晓之以理，浑身散发着吸引人的魅力。如果运用奖赏或强制力来管理，也许有效，但是如果你要提高自己的领导魅力，赢得众人的尊重和喜爱，我建议你们要尽最大努力去影响和争取员工的心。"

这番话，道出了"管理者"的深层内涵：不是身居高位，依靠权力和命令，强硬地指挥别人去做事；而是依靠自身魅力，把周围的成员吸引过来，引导和影响别人完成组织目标。只有把自身具备的能力、素养、品格、作风、工作方式等个性化特征，和领导活动有机地结合起来，才能够较好地完成领导任务。如果一个管理者不具备品格魅力，纵使他的权力再大、地位再高，其工作也是被动的。

那么，一个优秀的中层管理者，如何塑造自己的品格魅力呢？

众所周知，品格魅力包含很多东西，在此一一细数的话不太现实。就这个问题，我们可以从三个大的方面着手，为中层管理者提供一个思路和方向。

·人格

在总结自己多年的管理经验时，李嘉诚如是说道："如果你想做团队的老板，简单得多，你的权力主要来自地位，这可来自上天的缘分或凭仗你的努力和专业知识；如果你想做团队的领袖，则较为复杂，你的力量源自人格的魅力与号召力。"

试想：你会对一个目中无人、居高临下、盛气凌人、喜欢摆架子、发号施令的管理者产生好感吗？无论他的地位多高、权力多大，怕是也难以让人由衷地对他产生尊敬与好感。即便是按照他的要求去执行了某些命令，也只是碍于职务权威，而不是心甘情愿与之奔着同一个目标和愿景前行。一个只注重权力而不修炼人格的管理者，不可能领导好工作，更谈不上领导力。

真正受下属爱戴的中层管理者，永远不会人为地设置感情屏障，利用高高在上的"距离感"去强调权威。他们充当的角色是鲜活的、有情的，是下属工作上的引路人，是生活上的益友，尊重团队中的每一个人，给他们关心与爱护，更给他们提供学习、工作和发展的机会。依靠权力树立起来的威严是不长久的，而依靠人格魅力树立起来的威信才会永恒。

·信念

管理者和普通员工在职务上有高低之分，分工上各有侧重，但共同的信念目标却能将他们紧密地联系起来。中层管理者要把共同的信念目标、共同的事业放在第一位，激发团队员工的积极性、主动性、能动性，让目标与事业带给团队推动力。

信念也是一个成功管理者必备的心理素质。一个充满必胜信念的领导者，才会对自己的事业确信无疑，才有克服困难的勇气，并准备好随时迎接挑战。信念的引导力量，不仅仅局限于拥有信念的人，它还可以影响他人，这就是信念的魅力所在。所以，一个中层管理者，务必要有顽强的、积极的信念，并用自己的信念影响员工，使得下属认同、信服，并愿意为领导与团队的共同目标服务。

·意志

稻盛和夫曾在演讲中指出："可能有人会认为，经营是由一个公司所拥有的技术能力、销售能力、市场能力或者是财务能力等诸多外在条件所决定的，其实并非如此，经营正是由领导所持有的思想和意志来决定的。"

一个出色的中层管理者，在领导活动中需要具备果断、忍耐、坚定和顽强等特征，而这些无不在考验着他的意志。意志蕴藏于心，伴随着远大的目标出现。在实现目标的过程中，可能会碰到诸多的艰难险阻，此时领导者的意志，决定着整个团队的士气与事业的成败。

法国流传着这样一个民间故事：三个刚从战场上撤回的士兵，与大部队失联了。他们疲惫地走在一条陌生的乡间小路上，又累又饿。当看到眼前出现一座村庄时，三个士兵都兴奋起来，心想着：总算能找点吃的了！然而，村民们看到大兵的到来，不由得心生恐惧，他们仅有的那点粮食还不足以养活自己，很担心被士兵掠夺，就都慌忙地回家把粮食藏了起来。当士兵找上门来时，他们也装作饥肠辘辘的可怜模样。

大兵们一无所获，很是失望。就在这时，三个士兵中的"头领"，想到了一个办法：他煮了一锅水，小心地把三块石头放进去。村民们见状都很好奇，士兵"头领"告诉他们："这是石头汤。"村民们问："只放石头吗？""是的，但有人说加一点胡萝卜会更好……"一个村民跑开了，很快就带着几根胡萝卜跑回来，加到了汤里。

几分钟后，村民们又问："就是这些东西吗？"士兵"头领"说："放几个土豆的话，汤的味道会更好。"又有一个村民跑开了，而后带来了土豆。接下来，士兵们列举了更多让汤变鲜美的配料：韭菜、牛肉、盐、香菜……每一次，都有村民跑回去拿来自己独有的私人食材。最后，他们真的煮出了一锅鲜美的汤。士兵们拿掉石头，和所有村民一起享用了一顿美餐，这是几个月以来，他们所有人第一次吃饱饭。

对于这个故事，从不同的角度能有不同的解释。从领导的角度而言，所谓的优秀领导者，就是在一无所有、极其艰难的处境下，凭借着意志，带领团队的成员，调动所有能够调动的力量，熬出一锅鲜美的"石头汤"。

如果中层管理者的意志薄弱，没有主见，就会导致整个团队人心涣散，因为领导者的意志影响着目标的确定、计划的制订、领导方式方法的选择。但领导者意志不是一蹴而就的，是在领导实践中培养锻炼出来的，是领导者的思想、认识、气质、性格、能力和经验的综合体现，与前面我们讲到的人格、信念有密切的联系。

概括起来，中层管理者要塑造自己的品格魅力，不是一朝一夕之事，需要在平日的工作中多多培养独特的个性，减少有意识和潜意识的从众心理；加强自我觉察和自我意识，对自己有深度的了解；培养宽容率直的性格，驾驭自己的情绪；找出自己的缺点并加以改正。归根结底，就是努力成为有个性的、真实的、谦逊的、有理想和行动力的自己。

敢为人先，敢为人之不敢为

苏联心理学家达维多夫说过："没有创新精神的人，永远只能是一个执行者。"

这句话对现代中层管理者来说，应当是一句深谙于心的箴言。美国著名的《商业周刊》曾经出过一本特辑叫《21世纪的公司》，里面的核心观点就是：21世纪的经济是创造力经济，创造力是财富和成长的唯一源泉。在知识经济条件下，具有创造力的中层管理者，其所创造的价值要远远大于一般的中层管理者。

美国通用公司对外发出招聘业务经理的消息后，吸引了众多有学识和能力的人前来应聘。在众多应聘者中，有3个人表现突出，但他们的学历相差悬殊：A是博士，B是硕士，C是刚刚大学毕业的本科生。在终极选拔时，公司为3名候选人出了这样一道题目：

很久以前，一位商人出门送货，不料途中下起了雨。此时，距离目的地还有一大段山路要走。商人到牲口棚里挑选了一匹马和一头驴，帮助自己载货。路很难走，驴不堪劳累，就央求马替它驮一些货物，可是马不愿意帮忙。最后，驴因为体力不支而死，商人只好把驴子背上的货物全部移到马的身上。这时候，马才有点儿后悔。

又走了一段路，马实在吃不消了，就央求主人替它分担一些货物。主人听后，有点儿生气，说："如果当初你肯替驴分担一点，就不会这么累了，活该！"过了不久，马也累死在路上了，商人只好自己背起货物。

　　应聘者要回答的问题是：商人在途中要怎样做，才能让牲口把货物运往目的地？

　　博士 A 说："把驴身上的货物减轻一些，让马来驮，这样就都不会被累死。"

　　硕士 B 说："把驴身上的货物卸下一部分让马来背，再卸下一部分自己来背。"

　　本科毕业生 C 说："雨天路滑，且还是山路，用驴和马本身就是错误的选择，应该选择能吃苦且有力气的骡子去驮货物。商人根本没有思考这个问题，所以才造成重大的损失。"

　　结果，C 毕业生在这次选拔中脱颖而出，超越了另外两位学历高于他的竞争对手，被通用公司聘为业务经理。考官这样选择的理由是，虽然 A 和 B 的学历较高，但遇事不能仔细思考，C 在文凭上虽略逊一筹，可他遇到问题时不拘泥于原有的思维模式，灵活多变，善于动脑，有创造力，这是一项很宝贵的能力。

　　创造力是一个人一生的资本，也是现代企业中许多优秀中层管理者的成功秘诀。比尔·盖茨一度认为，过去几十年社会的种种进步，都是源于人类身上的一种无法预测的创造力。他曾经多次强调："对于一个公司来说，最重要的就是中层管理者的创造力。我们要做的事情是，招募业界最聪明、最优秀、最肯干、最有创造力的人进公司。"

　　领导活动不是单一的事务性工作，它有综合性、复杂性和多变性的特点，可以说是一项创造性的活动。况且，时代在不断发展和改变，中层管理者必须创新再创新，才能解决层出不穷的新矛盾、新问题，这是时代的要求和历史的必然。

可能会有一些中层管理者心生感慨："难道勤劳苦干就没有前途吗？就不被高层看好吗？"当然不是，每个高层都认可耐劳肯干的中层管理者，而勤奋踏实也是一个优秀中层管理者不可或缺的素质。但是，想要得到高层的重视和欣赏，仅仅付出汗水是不够的，还要努力成为智慧创新型的中层管理者。

约翰·洛克菲勒说过："如果你要成功，你应该朝新的道路前进，不要踏上已被成功人士踩烂的道路。"我们可以把这句话略微地调整一下：如果一位中层管理者渴望成功，就要主动创新，而不是跟在别人的后面"亦步亦趋"。优秀的中层管理者绝对不是"只会低头拉车"的老黄牛，这样的汗水型中层管理者已经远远跟不上组织的需要了，其前途也只能是"数十年如一日"待在原来的岗位上，难有更大的发展。

中层管理者在实际工作中，要带领各种不同的组织成员，去追求一个共同的组织目标。然而，每个组织成员的价值和利益取向都是很复杂的，这就决定了中层管理者在处理问题时，不能简单地依照"对与错""是与非"这两个维度来思考，而是要用不同的新方式、新视角去思考原有的问题，形成适合环境变化的新模式，这些无不在考验着中层管理者的创新思维。

那么，在具体的工作中，中层管理者怎样才能提升创新力，塑造创新思维呢？

·目光高远

如果一个中层管理者的眼界有限，只顾眼前的事务，很容易思维固化。那些有远大理想和抱负的中层管理者，能够站得更高、看得更远，思路也更加开阔。

·心态积极

没有良好的心态，很难专注、高效地思考问题。一个优秀的中层管理者，无论在什么样的境遇下，都能保持一种良好的心态。别人认为做不到的事情，他却能克服困难，挖掘积极的因素，变不利为有利。

·善于观察

一个有远见卓识的中层管理者，应当是一个优秀的观察者，能够从别人司空见惯的事情中发现问题，从而在工作实践中发展创意。这就要求中层管理者平日要多观察周围的事物，不断锤炼自己的创新能力和发散思维。

·标新立异

有些问题按照常规的方法去思考，往往得不到正确答案，可若是把问题反过来思考，或是换一个角度切入，就能顺利解决。在山重水复疑无路时，中层管理者要善于用标新立异的思考方法去突破困境。

· 集思广益

戏剧大师萧伯纳说过："倘若你有一个苹果，我也有一个苹果，而我们彼此交换苹果，那么，你和我仍然是各有一个苹果。但是，倘若你有一种思想，我也有一种思想，而我们彼此交换思想，那么，我们每个人将各有两种思想。"

认真汲取他人的智慧，解决问题时就能由一个方法变成几个、几十个方法。身为中层管理者，在思考问题、处理问题时，要多征求别人的意见，不可自以为是、固执己见。否则的话，思维就会逐渐闭塞、僵化，失去活力，难有创新。

总之，现代组织或企业对中层管理者的要求越来越高，这就要求中层管理者有很强的事业野心，对企业和团队有使命感，有活跃的思想，对新事物敏感，且具备创新意识和能力。不夸张地说，没有创新力的中层管理者，很难在未来的角逐中站在峰巅，唯有高瞻远瞩，放眼高处，才能看到别样风景。

第 3 项 修 炼

承担力修炼
——真正的领导力，从扛起责任开始

逃避责任的中层，没资格收获信任

领导力是一个老生常谈的话题，它是领导者的素质核心，其书面解释是：在管辖的范围内充分利用人力和客观条件，以最小的成本办成所需的事，提高整个团体的办事效率的能力。

这个释义不难理解，更值得思考的是：如何实现领导力？显然，提升整个团队的工作效率的关键，在于调动每一位成员的积极性、主动性、能动性，而这绝不是靠权力压制能够实现的。换而言之，一定是有某种力量内化到成员心中，形成一种凝聚力和感召力，让他们自发地去完成共同的目标。从这个意义上讲，领导力不是怎样做事的艺术，而是怎样做人的艺术。

我们提到过，如果一个管理者不具备品格魅力，纵使他的权力再大、地位再高，其工作也是被动的。真正有超强领导力的人，一定有他独特的人格魅力，以及值得下属钦佩和尊重的长处，而这些内容往往都需要建立在同一个基础上，这个基础就是担当力。

担当力，就是身先士卒，不计个人得失，勇于承担责任的能力。不夸张地说，责任往往是跟麻烦联系在一起的，责任越大，意味着麻烦越多。有些中层管理者工作进行得不理想，原因就是只喜欢责任的另一面——权力，认为权力越大，能得到的利益就越多，却忘记了权力和责任是不分家的。想让别人心服口服，就必须走在别人前面，做到其他人没能做到的事。只有这样的中层管理者，下属才会发自内心地服从，而不是阳奉阴违。

　　杜光林曾经担任海尔空调电子有限公司的总经理，是一个有责任感、不敷衍、不推卸的中层管理者。他在担任总经理之前，一直从事研发工作。后来，他把目光投向了海尔事业部。

　　当时，海尔事业部的发展很低迷，人人都把它当成烫手山芋，避之不及。然而，杜光林却主动要求去海尔事业部工作。大家都不解，这么一个烂摊子，有什么值得接手的呢？有些同事甚至还开玩笑说："你可别活脱脱的一个人进去，缺胳膊少腿出来。"可是，杜光林有他自己的想法：只要用心，没有克服不了的困难。

　　得到企业领导的批准后，杜光林很快投身海尔事业部的工作中。成为事业部部长后，他立刻大刀阔斧地进行改革，坚决、严格地执行部门内的纪律和条例。很快，部门的士气就被调动起来。有效的内部管理结合外部市场开发，让事业部起死回生。在选择产品时，杜光林每次都要下很大的功夫去琢磨，他深知有差异的产品才有市场，绝不能跟风模仿，要有自己的特点。

在这样的思想指导下，杜光林带领事业部研制出了"高速甩干，一晾可穿"的滚筒洗衣机，为提高海尔洗衣机的市场占有率立下奇功。他所领导的事业部，也从一个问题部门变成海尔数一数二的优秀部门。杜光林因此得到了领导的重视与赏识，后将其任命为海尔空调电子有限公司的总经理。

一个出色的中层管理者，必然是有魄力的干部，面对棘手的问题，不会逃避和退缩，而是积极地想办法解决。别人不愿意做的事，他敢接手，且尽力把事情做好，无疑就体现出了能力与魄力。这样的中层管理者，才是下属愿意追随的领袖和上级眼中值得信赖的栋梁。

与企业同甘苦、共命运

什么样的中层管理者才称得上"骨干"？

对于这个问题，我听到过的最好的回答来自一位民营企业家，他说："日常工作能看出来，关键时刻能站出来，利益面前能让出来，危险关头能豁出来！"

认真踏实地完成既定工作，并不是一件太难的事，可要做到在关键时刻站出来、在危险关头能豁出来，实在不易。中层管理者应当知道，承担责任是有层次之分的：能够按照规定的要求、标准、时间完成任务，这是最基本的担当；而最高层次的担当，则是在组织陷入困境时挺身而出，为了组织利益甘愿牺牲自我，这是最不容易的担当。

很多日本企业评价员工的首要标准是对企业的忠诚度，而衡量忠诚度的标准是"能否承担责任"。我们需要以企业兴亡为己任、与企业共命运的精神。毕竟，现下能够做到为企业挺身而出的人并不多，谁都知道，挺身而出意味着要承担责任，要承受巨大的压力，要做出难以想象的牺牲。所以，很多人在企业面临严峻考验的时候，要么沉默不语，要么推卸逃避。

庆幸的是，在多数人能推则推、能退则退的时候，还是会有一些勇者在关键时刻站出来，积极地面对问题。在这个过程中，他要承受经济、名誉上的压力，还有诸多的阻碍，可如果他经受住了考验，陪企业和老板一起渡过了难关，他的人生就会与那些后退的人截然不同。

张某是广告界的知名经理人，十几年前进入现在的广告公司工作。他的老板是一位很有头脑的企业家，为人亲和、做事认真。张某当时很敬佩老板的为人与能力，一心想跟着他做出点名堂。

张某在公司里做得不错，深得老板赏识，看着公司的实力愈来愈强，他打心眼里高兴。老板待他也不薄，给他连涨了几次工资，并将他升职做了中层管理者，这也让张某坚定了要长期追随老板的决心。

可就在他入职的第三年，由于公司承接了一个耗资巨大的项目，垫付了巨额的资金，导致资金无法正常运转。在这种情况下，老板迫不得已宣布当月暂时停发工资，改到下个月一起发。为了打消员工的疑虑，老板特意强调："这是暂时的，下个月资金周转开了，一定会及时给大家的。"

所有的员工都相信，老板说的是实话，也没什么异议。张某自然也理解公司的难处，可他心里还有另外的想法：现在正是公司危难的时候，如果大家能伸出援手为公司集资，是不是一个更好的办法呢？

随着这个大项目的运作，资金缺口越来越大，公司很快陷入停滞状态，不仅员工的工资发不出来，就连日常开支也难以应对。面对现状，很多员工都觉得这样下去不是办法，张某终于开口向老板说出了自己的想法。愁眉不展的老板听到这个消息后并未表现出多大的兴致，他说："那能筹多少钱呀？公司现在需要的不是一个小数目，就算能凑几十万也很难解决问题，都是杯水车薪啊！"

资金的问题依然没有得到改善，不少员工提出了辞职，勉强留下的也是人心涣散，没有拿到工资的人都堵在老板的办公室门口。张某从未想过离开，他相信问题总会有解决的办法，尽管当时有其他公司开出高薪聘请他，他却说："我不会抛弃现在的公司，只要它没倒闭，我就会待在这里。"

后来，公司在老板的一位挚友的帮助下，终于摆脱了困境，而那个投入巨资的项目也获得了不菲的收益。张某被提拔为公司的副总，现在已是业界颇有声誉的广告经理人。

没有一家企业的生存发展是顺利的，我们所熟悉的那些知名企业，像海尔、华为、联想等，它们都曾一度陷入困境。每一次困境就像一把筛子，筛掉那些急功近利、目光短浅的员工，留下的都是有责任心、有担当力的精英。张某能够有今天的成就，一方面源自他的才能，另一方面也源自他的担当。在公司遇到危难的时候，他没有临阵脱逃，而是坚定地选择了和公司同舟共济！这样的下属，有哪个老板不喜欢呢？

不可否认，现代的就业环境是开放式的，作为职业经理人来说，找一份工作并不难。但是，如果你没有与公司共命运、共承担的精神，没有在关键时刻挺身而出的勇气和能力，那么无论到哪个企业，都不可能有长久的发展。市场是变化的，危机与机遇常常是捆绑在一起的，你不能陪企业度过最黑暗的时光，也就无法享受企业闪耀时的光芒。

越是困难的时候，越是考验一个人道德观和价值观的时候，选择甘苦与共还是落井下石，全在一念之间。但，就是这一念，往往决定着你的未来。

关键时刻敢为上级挺身而出

半年前，在一家连锁餐厅吃饭时，曾目睹过这样一件事：

当时正值午餐时间，店里的人很多。邻桌的一位顾客在吃了一份快餐后，突然倒地，四肢抽搐，口吐白沫。与这位顾客一起的朋友急坏了，指责餐厅的食物有问题，其他顾客也惊慌失措，生怕自己也会食物中毒，还有人打电话通知报社和电视台。

顾客的朋友情绪已失控，指责餐厅的经理失职，声称一定让他们负责到底。经理的处境很是尴尬，周围的人不时地拿手机拍照。现在问题还没有弄清楚，要是大家误传食物中毒的消息在网上引起公众效应，很可能会给整个公司带来危机。

就在这个关键的时刻，有一个年轻的女领班，一方面让同事打急救电话，一方面竭力安抚其他担心中毒的顾客，她说："大家不要惊慌，我们店里的食物都是经过严格检验的。"

很多人并不相信，有的不断用手指抠嗓子眼，试图吐出食物。情绪激愤的顾客质问女孩："要是食物中毒的话，你负得起这个责任吗？"此时，待在旁边的同事拉拉她的衣角，提醒她回答的时候不要冲动草率。

即便如此，这个女孩还是坚持自己的说法，她告诉大家，食物绝对没有问题！说着，还当众吃下了很多饭菜，以此来打消顾客的疑虑，防止谣言扩散。她安慰病患的朋友，急救车马上就来了，并让大家不要妄自猜测，一切都由医生做出诊断。这样一来，餐厅里的人果然不如开始那般激动了。

大约十分钟后，急救车来了，经验丰富的医生一看就告诉大家，那位顾客是典型的癫痫发作，只不过凑巧赶在了这样一个场合，大家尽可放心，不是食物中毒。此时，报社和电视台的记者也来了，开始向餐厅的工作人员提出一些刁钻的问题。年轻的女领班很机灵，把事情的来龙去脉完完整整解释了一番，并带领记者到餐厅的后厨，详细地介绍了餐厅的卫生措施，趁机给餐厅做了一次免费广告。

最后，一场向灾难演化的虚惊就这样被制止了。女领班不仅为经理解了围，也保护了全体店员的荣誉和利益，更给公司避免了一次大的公关危机。时隔三个月后，我再到那家餐厅去时，没有再见到那个女领班的身影，据她的同事说，女孩调到总公司了。

疾风知劲草，烈火见真金。什么样的人最有责任心，最有魄力和担当，往往都是在某项工作陷入困境的时刻体现出来的。就像餐厅里突然发生顾客倒地的事件时，只有这个年轻的女领班敢站出来为经理解围、为公司说话，尽最大努力做解释和协调工作。如果所有人都置身之外，任由经理被一群顾客和记者围攻。在这样的时候，一句话说得不恰当，都有可能把公司推向深渊。女领班机智聪敏，当众澄清了事实，巧妙地转移了记者的注意力，告诉大众公司的卫生安全工作做得很好，不怕曝光，一下子就堵住了悠悠之口。

想成为一名优秀的中层管理者，深得上级的赏识，必须具备与公司荣辱与共的意识，发自内心地重视公司荣誉和利益。从表面上看，这份努力和担当是为了公司或老板，可实际上它也是在为中层管理者自己的生存和前途积累资本。你所期望的晋升加薪、人格提升、地位声望，无一不是努力工作、真心付出的"附属品"。

前面说的这件事，纯属意外的危机事件，错不在餐厅，也不在经理。倘若换一种情况，果真是领导出现了决策失误，事态的发展让他成了众矢之的，作为中层管理者，你是选择冷漠旁观、畏首畏尾，还是挺身而出、妙语劝慰，真心为领导解围呢？

某公司分部工作失误，致使公司亏损了十余万元，总裁一怒之下扣发了经理苏某及所有员工的奖金。这样一来，分部的职员都把怨怼的情绪指向了苏某，心想：你能力有问题就别干，凭什么连累我们？苏某自然也感受到了下属们的负面情绪，原本心怀愧疚的他，更是觉得对不起下属们。

苏某的助手李副总了解事情的原委，看到上级处境如此艰难，便站出来替他说话："苏总从老板那里回来时，脸色就很难看，他在老板跟前为大家据理力争，要求只处分他自己，不要扣大家的奖金。"下属们听了这番话，情绪上有所缓和，李副总见此继续说："苏总说了，下个月一定会想办法把大家的奖金补回来。其实，这次失误也不全是苏总一个人的责任，我们也是有责任的。我希望大家能体谅一下苏总的处境，齐心协力把业务做好，将功补过。"

苏某并没有要求李副总为自己解围，可她的这番协调却缓和了上下级之间的关系，让苏某如释重负，重新获得了下属的信任和支持。豁然开朗的苏某紧接着推出了一套新方案，激发了下属的热情，大家又开始投入新一轮的战斗中。至于李副总为自己解围的事，苏某的心里充满了感激，待部门的业绩上去后，他向老板提出给李副总加薪的请求。看着一路飙升的业绩，合不拢嘴的总裁欣然同意了。

金无足赤，人无完人，无论坐到多高的职位，都难免会有出错的时候。聪明的中层管理者此时应当理解支持上级，不遗余力地协助上级挽回名声，这样做既保全了上级的面子，也让上级对你心怀感激。关键时刻挺身而出，也许眼下会受点委屈和损失，其实是在给自己的未来铺路。

当好教练，培养无数个"优秀的你"

企业的高层领导担任着规划企业远景和战略的工作。然而在现实中，我们经常会看到这样的现象：有些企业在战略规划方面并无问题，可在落实和执行方面却出了严重的问题。车头已经抵达了终点，车身和车尾却还在原地，为什么会这样呢？

究其根本，是企业缺乏出色的中层管理团队。纵使企业的领头人是出色的战略专家，可如果没有卓越的中层管理团队，再完美的战略也无法转变为现实。车头固然重要，可一旦中间的车厢出现脱节，企业战略就永远无法得到实施。所以，当企业的中层管理者一再强调"火车跑得快，全靠车头带"之类的话时，就意味着他们在把责任往高层身上推。

中层管理者处在管理者的位置上，务必要提高自己的效能，发挥出中层的职能。其中最重要的一项职能就是，承担起伯乐的角色，成为下属的助推器。中层管理者不能只想着自身有多大的能力，有多高的水平，而要对整个团队人员的职业发展和未来负责，把个人的目标和企业目标结合起来，让大家一起朝着企业的战略目标努力。

松下幸之助在管理方面有其独特的方式。他深知，好的领导不应当是独行侠，独来独往干不了大事，他要做的一切是为整个团队的成长负责，且他还要求企业中的每一位中层管理者都要为集团的整体利益负责。

有一个阶段，松下幸之助任命公司里的一位优秀研发人员中尾担任新产品研发部部长，专门负责研制小马达，因为他通过市场调查，预测到家用电器中将开始大量使用小马达，这是一个不可错过的商机。

接到任务后，中尾就开始通宵达旦地忙了起来。有一回，松下幸之助路过他的办公室，看到他独自一人在办公室里工作，就狠狠地批评了他一通。中尾觉得莫名其妙，不知道自己到底犯了什么错误，难道尽心尽力地工作也不对吗？

很快，松下幸之助就让中尾明白了缘由："在技术方面，你是我最器重的研发人才，所以我才让你担任研发部的部长。可是，你的管理才能让我实在不敢恭维，就算你一天24小时不吃不喝不睡觉，单凭你一己之力能完成工作吗？现在你是部长，你有权力也有责任去培养更多的技术研发人员，让他们共同参与到这项工作中来，这才是你的主要任务，而不是单枪匹马地做孤胆英雄！我相信你有这样的才能，为公司培养出十个、一百个像你一样的研发人才，这是你应该担负的职责，我相信你能做到。"

三年后，松下公司在小马达的生产上，击垮了当时日本最大的电动机生产厂家百川电机。

百川的总裁和松下幸之助在一次谈话中说道："我是专门做马达的，且做了一辈子，有一大批优秀的电机方面的专家；你是做电器的，却只用了三年的时间就把我击败了，不光在产品技术上超越了我们，生产的产品还深受市场欢迎。我很想知道，你是怎么做到的？你从哪里招来的专家？"

面对诸多的疑问，松下幸之助是这样回答的："其实，我所有的专家都是内部的员工，我把公司里的很多员工都培养成了专家，这就是我们的获胜之道。"

优秀的专家不等于优秀的管理者，技术和管理之间存在很多区别。优秀的中层管理者时刻要着眼于团队，将整个团队中的员工培养成人才，这才是尽到了管理者的职责。在实际的工作中，中层管理者要担起指挥家的角色，不能只当一个领头羊，而是要整合团队的优势，集合团队的力量，共同提高，成就团队中的每一个人（包括自己），才是一个中层管理者对下属应有的责任担当。

我们可以把"团队"（TEAM）这个单词拆开来看：

·T：together，一起、共同

·E：everybody，每个人

·A：achieves，完成

·M：more 更多

把这几个字母代表的含义整合起来就是，大家一起来共同完成更多的工作！团队的力量是典型的 1＋1＞2 的模式。所以，中层管理者不能只想着单打独斗，依靠个人的能力去完成项目，或是彰显个人的水平，而是要注重团队力量的发掘，助推每一位下属共同进步。

失误不可怕，怕的是不敢承担

阿卜杜尔·卡拉姆是印度的著名导弹科学家，被誉为印度"导弹之父"，后曾当选印度总统。1973年，阿卜杜尔·卡拉姆担任印度卫星运载火箭项目的总指挥。他们的任务是，在1980年之前，成功把罗西尼号卫星送入预定轨道。在他的带领下，成上千万的科学家和技术人员都在为这一目标而努力。

一切看起来都很顺利，到了1979年8月，卡拉姆到控制中心指导整个发射过程。火箭发射了，但在飞行的第二阶段却出现了问题：卫星没有飞向轨道，而是猛然冲进了孟加拉海湾，造成了一场严重的科研事故。

当天，印度空间研究组织的主席哈万教授召开了一次新闻发布会。令人意外的是，哈万教授没有指责卡拉姆及项目团队，而是把错误全部归咎于自己。在发布会上，他诚恳地说道："团队的每个人都非常努力，但我给予他们的技术支持还不够。我向国民道歉并保证，明年我们的团队一定能够取得成功。这完全是我的失误，希望大家继续支持我们团队。"

这样的一番"检讨"，让团队的每个人都被注入了一股新的动力，他们没有因为这次失败而沮丧。第二年，他们再次发射卫星，圆满地完成了任务。后来，阿卜杜尔·卡拉姆在一次演讲中提到，通过这件事，他学到了至关重要的一课：当下属出现失误时，团队的领导要敢于承担责任；当成功来临时，要把功劳赋予整个团队。

犯错和失误并不可怕，怕的是否认和掩饰错误。作为企业的中层，有任务的时候勇敢挑起重担，出错的时候更要率先承担责任，哪怕是下属犯了100%的错误，也要站出来承担80%的责任，这体现着一个管理者的格局与气度。

李嘉诚是一个宽厚的企业家，十分体谅下属的难处。多年的经商经验让他懂得，经营企业不是简单的事，犯错不可避免。只要在工作上出现失误，他都会带头检讨，把责任全部揽在自己身上，尽量不让部下陷入失败的阴影中。他经常说："下属犯错误，领导者要承担主要责任，甚至是全部的责任，员工的错误就是公司的错误，就是领导者的错误。"

这样的观念与李嘉诚早年的经历有关。当初，李嘉诚刚到香港时，在舅舅家的钟表公司工作。他很好强，不愿意落在别人后面，做事总想着如何超越别人。加入钟表公司后，他很勤奋，别人休息时，他依然在研究如何修理钟表。为了尽快提升技艺，他还特意拜了一位师傅，遇到不懂的问题就去请教师傅。师傅觉得这个年轻人勤奋好学又聪明，便很乐意教他。

有一次，师傅被派到外面工作，李嘉诚就自作主张开始自己动手修手表。由于经验不足，他不但没把手表修好，还把问题变得更复杂了。他知道自己闯了大祸，依照当时的情况，他非但赔不起手表，还可能会丢了工作。

师傅回来，发现李嘉诚把手表弄坏后，并没有大发雷霆，而是轻描淡写地告诉他，下次不要再犯类似的错误。同时，师傅还找到李嘉诚的舅舅，解释说是因为自己不小心把手表弄坏的，要求给予处分。关于李嘉诚修表的事情，师傅只字未提。

原本是自己的错误，却让师傅承担责任，李嘉诚心里觉得过意不去，就向师傅道谢。师傅语重心长地对他说："你要记住，无论以后做什么工作，作为领导者就应该为自己的下属承担责任，部下的错就是领导者的错，领导者就应该负起这个责任。否则，就不配当领导。"

有些中层管理者，在下属犯了错误时，不敢也不愿在上级面前承担责任，一来担心被上级责备，二来担心自己的能力会遭到质疑，结果就选择了推诿。殊不知，这样的做法不会赢得上级的尊敬，他会认为你是一个胆小怕事、不敢承担责任的人；至于下属，更是感到心寒，自己付出的一切都被否定了，将来他们很有可能为了避免犯错而不敢放开手脚去做事。

　　推诿责任，解决不了任何问题；担起责任，换来的是同心协力。你担起了责任，上级认为你有魄力，有责任心；你保护了下属，就等于建立了权威，他会在今后的工作中更努力、更谨慎，以此作为报答。

　　当因为某些失误上级让你给出一个交代时，你首先要拿出来的是管理者的风度，从下属那里揽过80%的责任。无论上级是什么态度，你都要尽量替下属分担压力。如果这件事真的是下属的疏忽，也要在风波过后，单独与之进行分析，告诉他错在什么地方。一个敢替下属承担责任、与下属休戚与共的领导，才能换来下属的真心与忠诚。

忍辱不是无能，只为更好地负重

中层管理者在企业中的位置比较特殊，是上级和下属的直接接触人，能在第一时间获悉双方的情况。上下级之间产生矛盾时，避免矛盾双方直接碰撞，以及缓冲双方矛盾，是中层管理者的一项重要工作，恰当介入并得当处理，可以让矛盾双方比较冷静地思考问题，作出理性的判断。

然而，在现实工作中，中层管理者这一特殊职位并不好做，经常会受到来自各方面的压力：上级的责难，同级的误解，下级的抵触，客户的埋怨。面对这样的处境，中层管理者该怎么办呢？是抱怨、发脾气，还是一走了之？显然，这些都不是能行得通的办法，甚至还可能因为一时冲动，让自己陷入更加被动的局面。

拿破仑说过："能控制好自己情绪的人，比能拿下一座城池的将军更伟大。"心理学研究也证实，在决定成功的诸多因素中，学识上的智力仅起到20%的作用，其余80%来自情绪、心理等其他因素。

作为中层管理者，如果情绪易于波动、暴躁，必然会妨碍上下级的沟通。纵然受到误解和委屈，也得学会适当忍耐，没有沉下去的耐心，就难有浮上来的辉煌。只有善于忍耐一时的屈辱，才能锻炼出承担重任的能力和品质。

八寻俊邦是日本知名企业三井物产的总裁，也是一个历经了忍辱负重，最终成就事业的人。1940年，他从越南被调回三井物产的总部，晋升为神户分店的橡胶课课长。在他任职期间，橡胶行情突然大幅度地下滑，加上他没有及时采取应变措施，给公司造成了严重的损失。上级对他的表现很不满，直接把他从中层管理者降到一般职员。

实际上，业绩的突然下滑并不全是八寻俊邦的责任，主要原因还是市场的突然变化，上级把所有的错误都归咎于八寻俊邦，显然有失偏颇。更何况，八寻俊邦在越南工作时业绩突出，也算是有功之臣。

很多中层管理者遇到这样的情形，可能都会觉得很委屈，甚至对公司失去信心，另谋高就。然而，八寻俊邦却忍受住了这些屈辱，受到处罚之后，他对自己说：光荣都已经成为历史，重要的是学会如何处理这样的问题，提升自己对市场的应变能力。

带着这样的心态，八寻俊邦又重新投入工作中。一年后，他被分配到石油制品部门，他紧紧地抓住这个机会，大展拳脚。

很快，他就被晋升为三井物产化学品部门的部长。之后，经过不懈的努力，他又荣升为三井物产的总裁。

八寻俊邦的经历告诉我们，忍辱不代表无能！今天忍受屈辱，为的是明天更好地施展抱负。遗憾的是，现实中有很多的中层管理者并未真正领悟到这一点，有的人是暴脾气，一点委屈也受不了，动不动就撂挑子、生闷气，甚至自暴自弃；有的人虽然当时能忍耐，但内心的委屈消化不掉，总想趁机挽回面子；只有极少数人，才能做到像八寻俊邦那样，听得进指责，咽得下委屈，借机发现问题，提升自己的能力。

显然，唯有最后一种人，才能把中层管理者的角色饰演好。我们可以想象得出，一个中层管理者在自身的决策和工作能力被怀疑时，如果选择与上级激烈地争辩，或者是愤然离去，会是什么样的结果，所谓的理想、价值统统都变成了泡影，还可能给上级和下属留下脾气暴躁、狂妄自大的印象。即便是还留在公司里继续任职，也会影响团队的工作效率，下属会不由得产生这样的想法：你连自己都管不好，凭什么管我们？

罗马哲学家希尼卡说过一句话："拖延是平息怒火的好办法。"这句话值得中层管理者铭记。遇到上级的指责时，先别急着去争辩，可以到咖啡间休息一会儿，也可以到外面走走，让自己尽快平静下来，再找寻解决问题的办法。

　　曾经有人向日本的矿山大王古河市兵卫请教成功秘诀，他笑答："我认为秘方在于'忍耐'二字。能忍耐的人，才能得到他所想要的东西。能够忍耐，就没有什么力量能阻挡你的前进。忍耐即是成功之路，忍耐才能转败为胜。"

　　有些果实不是争来的，而是等来的。作为中层管理者，能忍住当前的不快和委屈，才能锻炼出承担重任的能力和品质。在争中忍，在忍中争，也是一种能耐。

第 4 项 修 炼

沟通力修炼
——让一千种思想为一个目标服务

管理的本质：沟通、沟通、再沟通

《圣经》里有这样一个故事——

在古代巴比伦，有一群不同肤色的人在修建通天塔，但他们使用的都是同一种语言，彼此之间很容易沟通交流，因此命令传达得又快又准，各工种之间配合得也很默契，通天塔的建造速度很快。这一切，都被上帝看在眼里，他想：如果让他们如此协调地工作，世界上还有什么工作办不成呢？于是，上帝就施展了法力，让不同肤色的人使用不同的语言。由于语言不通，工作指令无法准确迅速地传达，塔上的人需要泥土，塔下的人却往上送水，工地上一片混乱。于是，通天塔的建设陷入瘫痪的状态。

无论是建造通天塔，还是管理企业或部门，都离不开各层级的协作，而协作的基础就是沟通，统一意见，在达成共识的条件下展开行动。就如松下幸之助所说："企业管理过去是沟通，现在是沟通，未来还是沟通。"

没有沟通，就谈不上管理。在同一个企业或部门中，每个人的工作岗位、思维方式、知识经验和兴趣爱好都有差异，不同的人对同一件事、同一个问题有不同的看法。作为中层管理者，如果不能借助沟通交流把拥有不同观念和个性的人组织起来，让大家形成共同的看法和意志，就很难保证高效地完成任务。

一位知名企业的员工在谈及企业执行力的问题时，发出过这样的感慨："集团决策层的战略眼光，让我们这些中层干部十分钦佩；但作为中层的我们，却执行乏力，很多规划还没有理解就去执行了，南辕北辙的事情到处都是……战略决策对于战略的思考十分清晰、准确，但缺乏有效的传承，即使有传承，也只重过程，没有结果；执行层的执行能力强，但缺乏对战略的理解，也没有什么创造性发挥。"

战略正确，方向明晰，员工也在积极努力地执行，为什么还会出现"执行乏力"的问题？归根结底，问题还是出在了沟通上。世界五百强企业戴尔公司表示："随着公司的不断发展，我们必须进一步确保公司拥有一流的沟通能力。虽然前几年我们取得了较好的成绩，但是有的时候，沟通并没有得到很好的整合。作为一家跨国企业，我们必须有一个明确、统一的沟通战略。"

领导与下属的信息交流，渗透在管理的每一个环节中。上级与下属之间，一旦失去了有效沟通，就像人体缺乏血液循环一样，必然会出现问题。中层管理者是上下级沟通的转换器，唯有把沟通工作的每一个环节都做细、做透，才能实现上下通畅，有效地执行战略目标。

GE（美国通用电气公司）的前 CEO 杰克·韦尔奇认为："管理就是沟通、沟通、再沟通。"他最成功的地方，就是在GE 公司内部建立起了非正式沟通的企业文化。通过这种非正式沟通，他总能不失时机地让内部员工感受到他的存在。

每个星期，韦尔奇都会突然造访某些工厂和办公室；临时安排与下属经理人员共进午餐；工作人员还会从传真机上找到他手写的便签，上面是他遒劲有力的字体……他所做的这一切，都是为了领导、引导和影响一个机构庞大、运行复杂的公司。

韦尔奇最擅长的非正式沟通方式，就是提笔写便签。他借助便签表达对员工的关怀，让他们感受到彼此间的关系，不仅仅是上级和下级的关系，还有人与人之间的平等与关爱。这样的做法，有效地鼓励和激发了员工。

一位 GE 的经理曾经这样描述韦尔奇："他会追着你满屋子团团转，不断地和你争论，反对你的想法。而你必须要不断地反击，直到说服他同意你的思路为止。而这时，你可以确信这件事你一定能成功。"很显然，这就是沟通的价值。

韦尔奇自己也说："我们希望人们勇于表达反对的意见，呈现出事实所有的方面，并尊重不同的观点。这是我们化解矛盾的方法。良好的沟通就是让每个人对事实都有相同的意见，进而能够为他们的组织制订计划。真实的沟通是一种态度与环境，它是所有过程中最具互动性的，其目的在于创造一致性。"

总而言之，中层管理者作为承上启下的纽带，一定要明白沟通在管理中的作用。

·沟通是良好人际关系的基础

良好的人际关系是顺利开展工作的条件，而融洽的关系一定有赖于沟通。通过沟通，才能够相互了解、培养感情、默契配合，最终为同一个目标服务。

·沟通是正确决策的前提条件

决策是企业组织的重要经营要素，也是决定企业组织成败的关键因素。如何做出正确的决策呢？沟通必不可少！在决策过程中，无论是提出问题、认定问题，还是筛选方案，都需要全面地收集资料，有效地进行沟通，这一环节处理不当，很难做出正确的决策。

·沟通是统一思想和行动的指南

当组织或上级做出某项决策后，由于所处的位置不同、利益不同、掌握的信息不同、知识经验不同，组织成员对决策的态度也不一样。在这样的局面下，中层管理者就必须借助有效的沟通，让所有成员都能够理解并愿意执行这一决策，最终实现统一思想、明确任务、有效执行的结果。

美国加州参议员戴安·范斯坦说过："一个人的领导才能，90% 体现在他与人沟通的能力上。"作为中层管理者，时刻要谨记沟通的重要性，要知道，你表达思想的能力和你所要表达的思想内容同等重要。

沟通中的"要"与"不要"

中层管理者的职位有其特殊性，要直接处理的具体事情多，要面向的沟通对象有上级、同级和下级，时刻都在考验着中层管理者协调问题的能力。

跟上级沟通好，才能得到上级的理解、支持和关心，从而为所带领的团队完成目标、争先创优奠定基础；跟同级沟通好，才能取得相关部门的支持协助，避免因分歧和阻碍影响执行力；跟下级沟通好，才能让下属们心情舒畅、状态良好、步调一致，实现 1+1>2 的结果。

一旦做不好沟通工作，中层管理者就要受"夹板气"：上级批评你办事不力，同级指责你拖后腿，下级埋怨你领导无方，委屈无处可诉，只能自己默默忍受。对上级、同级和下级在沟通方面有不同的侧重点和技巧，我们在后面的章节中会谈到，这里想强调的是中层管理者在沟通方面务必遵循的一些原则、技巧和禁忌。

·沟通中切记的"要"

所谓沟通，就是借助语言把思想、感情、信息、知识等传递给其他人。中层管理者作为一个信息中转站，要想达到传递者所希望的结果，就得在传递信息的过程中遵循一些基本的原则和技巧，以免造成误解和偏差。

1. 主题要明确

主题是语言表达的中心意思，无论是开会、演讲、谈话还是下达任务，都要有明确的主题。没有主题的话，交流不能深入，听者只能感受到一堆支离破碎的语言刺激，无法实现有效沟通的效果。在一些非正式的场合，思想可以放开一些，形式也可以活泼一些，这样有助于缩短沟通双方的距离，打开彼此的心扉，但还是要围绕主题去交谈。

2. 语言要准确

语言准确指的是，遣词造句不能模棱两可、似是而非，不能使用晦涩的、模糊的语言，或是不恰当的比喻、不准确的概念等。如果语不得体、词不达意，会影响听者对信息的理解；如果故弄玄虚、哗众取宠，又会让人觉得做作、不够真诚。

亚里士多德说过："语言的准确性，是优良的风格的基础。"在语言使用上，要真诚、平易，让人感到亲切自然；同时，还要把握好"繁"与"简"的关系："简"是少而直，让接受者易于明白；"繁"是多而曲，对接受者不懂的地方，多方设喻，利于对方理解。

3. 表达要生动

有趣有料的生动表达，总能给人留下深刻的印象。所以，在沟通时要掌握一些技巧，如在说明问题时，巧妙地编织一些生动的形象，有助于理解和打动人；在气氛紧张、有隔阂的处境下，可以用幽默的语言来化解。这些都是中层管理者要掌握的沟通技能。

4. 交流要平行

调查研究发现，来自领导层的信息只有 20% ~ 25% 被下级知道并正确理解，而从下到上反馈的信息被知道并正确理解的不超过 10%，平行交流的效率则高很多，能够达到 90% 以上。为什么平行交流的效率如此之高呢？原因在于，平行交流是一种以平等为基础的交流，打破了等级壁垒，让人在轻松的沟通氛围中开诚布公、畅所欲言，表达出自己真实的想法。营造平行交流的氛围，有助于征求各个方面的意见，求同存异、择优去劣，达成共识。

5. 形式要灵活

沟通在形式上要灵动一点，因地制宜。沟通的最终目的，是为了实现企业生产经营的目标，不必非得拘泥于某种固定的沟通模式，具体是采用正式沟通还是非正式沟通、会上沟通还是会下沟通、集体沟通还是个别沟通、直接沟通还是间接沟通，可根据沟通的对象、内容、地点、环境和时机灵活选择。

· 沟通中切记的"不要"

通常情况下，职位越高的人，越容易不自觉地触犯一些沟通禁忌。中层管理者也需反省一下，避免在沟通中采取了不合适的态度和方法，影响了与各个环节的配合。

1. 不要抱有预设的立场

在很多问题上，一些中层管理者的看法确实比多数下属更全面、更长远，故而就不自觉地犯了这样的错误：嘴上说要跟下属沟通，心里却只想让下属赶紧听命行事。这样的中层管理者其实是抱着预设的立场，在已有定见的状态下沟通。碍于上下级关系，下属必须要听从领导的安排，但这样的沟通方式却难以让下属心甘情愿地合作；与此同时，中层管理者也很难真正地理解下属的想法。在这样的情形下，沟通就成了走形式，时间久了，下属就不愿意表达自己的真实想法了，因为说了也没用，干脆就选择虚与委蛇。

2. 不要用不良的口头禅

"你不懂……""没有人比我更清楚……""这是你的问题……""废话少说……""太笨了……"这样的口头禅，无论是同级还是下级，任谁听了都觉得刺耳。

3. 不要用威胁的语句

威胁的语句肯定会招来反感，有了抵触的情绪，沟通就会受阻。最常见的威胁口吻包括"你最好……不然……""我给你两个选择……""如果你不能……就别怪我……"。试想一下：如果是上级或同事对你说这样的话，你会乐意按照他的要求和意愿行事吗？己所不欲，勿施于人。

4. 不要忽略沟通的场所

沟通需要一个不受干扰的环境，这样才能专心表达信息，听者也能够静下来领会谈话的要领。如果谈话不时地被打断，很容易让人产生负面情绪，降低沟通的质量和效果。

5. 不要说太多专业术语

沟通是为了让听者清楚地了解自己传达的意思，有些专业术语虽然可以正确表达一个定义完整的概念，但前提是听者必须也明确知道专业术语的含义。如果听者并不明白这些高深的专业术语，你使用这些专业术语传递给对方的信息就是不完整的，难以让人充分了解。

6. 不要只听自己想听的

只听那些跟自己立场一致的话，无意识地忽略对方的一些其他意见，就等于没有完全掌握对方全部的信息，很容易断章取义，产生分歧和偏差。对于那些不同的意见，以及自己确认不了的信息，千万不能不懂装懂，要及时反馈，这样的沟通才能避免误会。

上述的沟通要点和禁忌，每个人都可能会不时地触犯。作为中层管理者，要把这些内容记在心里，时刻提醒自己；沟通完毕后，也要进行反省：刚才的沟通有没有触犯禁忌，彼此间的信息互动是否顺畅、明晰？如发现不妥，要及时更正，减少不良后果。

与上级沟通：到位但不越位

说起《三国演义》里的"杨修之死"，想必很多人都不陌生。

杨修在曹操麾下担任主簿，却经常自作聪明。公元 219 年，曹操出兵攻打汉中，被马超拒守，数战不捷，有撤退的想法，却又怕遭到蜀兵的耻笑，进退两难。夏侯惇入帐请令时，他随口定下以"鸡肋"为夜间行动口令。

杨修知道后，就让随行军士收拾行装，准备归程。他自以为是地解释说："鸡肋者，食之无肉，弃之有味。今进不能胜，退恐人笑，在此无益，不如早归，来日魏王必班师矣。故先收拾行装，免得临行慌乱。"他分析得头头是道，自认为聪明，不料却触怒了曹操，被曹操以"谣言惑众，扰乱军心"为由处死。

杨修死后，有人分析说，是曹操嫉贤妒能、心胸狭隘。反过来想想，杨修落到被处死的境地，难道不与他自作聪明有关吗？他越俎代庖，把"鸡肋"的口令理解为曹操即将撤兵的信号，还擅作主张命令军士收拾行装准备撤退，这俨然是越位了。

很多中层管理者在现实中也犯过和杨修类似的问题，认为自己在部门里有权威、有地位，权力欲开始膨胀，不与上级沟通就擅自做主，完全把上级架空了，这样的做法必然会导致上级的不满。作为中层管理者，一定要时刻记得，自己先是一个被管理者，而后才是管理者。

在工作方面，中层管理者需要与上级沟通的内容主要有三个方面：汇报、请示和建议。在这些方面想要实现高效沟通，赢得上级的赏识与认可，都需要掌握一些沟通技巧。

·汇报——把结果带给上级

公司领导要S汇报近一个月的工作状况，可S刚担任部门经理两个月，对部门的实际状况不是很了解，他支支吾吾地说了一些内容，可都不在"点"上。领导问到业绩情况，S连忙打马虎眼："这个……我已经安排××去做统计了，不知道为什么她到现在还没有把报表给我。"领导什么也没说，径直走了，S站在原地尴尬至极。

对上级来说，最令人焦心的就是无法掌握各项工作的进度，因为他们对企业的管理模式是"一对多"，很难实现"点对点"的模式。中层作为上级在基层的"代言人"，就要在这个时候凸显价值，主动向上级汇报工作。倘若等着上级催你去汇报，就说明你工作失职，也显得很没有上进心。可现实是，汇报工作这样一件司空见惯、理所应当的事，经常被中层管理者忽略。

试想一下：上级如何了解一个中层管理者的能力和表现？如何判定他是否在工作中尽职尽责？显然不可能每天追踪他，肯定是以他的业绩和工作汇报为依据。所以，作为中层来说，只有勤汇报，让上级知道你做了什么、正在做什么，他才能够评判你的价值。

具体该怎么汇报工作呢？是不是把业绩报表交给上级就行了？事实上，汇报工作也是一门学问。有关汇报工作涉及的注意事项，我们列举了以下一些要点，供中层管理者作为参考。

· 汇报时避免过多的主观色彩，要实事求是，不能弄虚作假欺骗上级。

· 只汇报和工作相关的内容，与上级的期待相对应。

· 汇报时不要强调过程，重点说结果，因为上级要的是结果。

· 避免凸显个人的功劳，要强调全员的努力。

· 汇报时要抓住重点，分清主次，不必面面俱到。

· 汇报完毕后主动寻求反馈，针对上级未听明白之处做进一步解释。

· 汇报问题时不做过多的解释，是自己的问题，就要主动承担责任。

· 关注上级的期望，针对下一步的工作提出建议。

上级有了解工作进程和结果的权力，而中层也有让上级知情的义务。一个出色的中层管理者，必然是一个善于汇报工作的人。在这个过程中，不仅能让上级了解工作进度，还能得到上级的指导和帮助，从而更快地成长。更重要的是，在汇报工作的过程中，能与上级建立更牢固的信任关系，展示自己的工作能力和水平。

·请示——请上级做选择题

在实际工作中，中层管理者都会遇到一些必须请示上级才能最终做出决断的问题。然而，如何请示却是很考验中层管理者的沟通能力的。很多中层管理者在这个问题上把握不好度，不知道在什么样的时机请教最合适，更不晓得具体该如何请教。

刚上任的客户部经理 T，过去一直追随老板做业务代表。现在虽然晋升成了中层，可在接到一项新任务时还是习惯性地直接问老板该怎么办。比如："赵总，对于下个月的季度考核，您还有什么要补充的吗？""有客户投诉，说咱们的产品是伪劣的，您看该怎么处理？"……老板很看重 T 勤恳踏实的工作态度，也知道他有出色的业务能力，可对于这个新中层事事请教自己的习惯，也感到很头疼。

毫无疑问，T 所犯的毛病是请示工作中的硬伤，虽说遇到问题向上级请教是天经地义的，但请示问题不等于把问题直接抛给老板，让他给出解决方案。老板晋升你来担任中层管理者，不是让你来提问的，而是让你帮助他排忧解难的。

作为部门的管理者，你掌握的具体情况肯定比老板多，也更应该能够提出解决问题的方案。再者，你是向老板反馈问题，自己如果没有预先想好处理方案，只能说明你在工作上没有尽职尽责，站在老板的角度，他也会质疑你的工作能力。

怎样才算是帮老板排忧解难呢？答案就是，在你请示工作的时候，预备几种可选方案，让老板去做选择题。如果你的想法和方案总是胜人一筹，上级能够从你的方案中获得好的建议和灵感，并采纳你的意见，你就能够增加在上级心中的分量。

为什么要多准备几种方案呢？原因很简单，你仅仅向上级提出一种方案时，可能被接受，也可能被否定。万一被否定了，你很快就会陷入被动的境地。更何况，只有一种方案是很难做决策的，甚至会导致决策出现偏差。带着几个方案去请示上级，让他拍板，他会认为你工作很尽心尽责，而他也不用耗费太多的心力，只要在权衡之后选择最合适的即可。

任何一个老板或上级，都不喜欢只会阿谀奉承、讨好的下属，也不喜欢只会把问题丢给自己的下属。中层管理者自己也应该有类似的体会，当你的下属带着问题向你"讨要"解决方案时，你是什么感受？你是不是也希望，下属能带着几个备选的方案，让你进行评估和判断，选择最恰当的一个？要牢记心理学中的黄金法则：想让别人怎么对待你，你就怎样去对别人。

·建议——站在上级的立场思考

换位思考，是每一个中层管理者在跟上级沟通时必须掌握的技巧。如果不站在上级的立场去思考问题，就很难给出上级想要的东西，因为立场不同，态度和观点就很容易产生偏差。

E是某公司市场部主管。公司的整体势头很好，就想扩大生产规模，为此，上级特意找到E，先是夸赞了他的工作态度，后又跟他探讨扩大生产规模的话题。上级问E："你觉得公司该怎样扩大规模？对提高企业的生产效益，你有什么建议？"

E想了想，说："公司现在的情况不太适合扩大规模，虽然公司的产品在市场上卖得不错，但无法保证它的市场会一直这么乐观，我觉得公司目前的主要工作应该是维持稳定，而不是贸然前进。"

听完E的话，上级的脸色顿时阴沉了下来。在此之前，公司高层已经通过会议讨论的方式，批准了公司扩大规模的计划。上级按捺住情绪，继续问E："我知道维稳对公司的重要性，但目前公司为了发展需要扩大规模，我刚才问的问题，你有什么建议？"

E没有注意到上级的脸色，脱口就说："我认为时机很重要。您看，现在市场上由于急速扩张导致破产、倒闭的公司有不少，我还是觉得……"话还没说完，上级就打断了他："行

了，你的想法我大概知道了，你先回去吧。"E这才意识到自己
说错了话，可事已至此，已经没有挽回的余地了。

显然，作为中层来说，E在沟通能力方面有所欠缺。在跟
上级探讨工作时，可以提出一些建议，但必须遵循一定的原
则，其中最关键的一点就是：站在上级的立场去思考问题。上
级找到E，是想让他提出扩大规模的建议和方案，而不是让他
评论公司是否应该扩大规模。既然上级已经决定要这样做，自
然希望得到中层管理者的支持，而E却给上级的满腔热情浇
了一盆冷水。

有些中层管理者会不甘心，因为自己的建议明明很好，上
级却不肯采纳。原因就在于，上级需要考虑的问题更多、视角
更高，他是站在整个企业、整个行业的角度在思考问题，而中
层则是站在自己所处的位置、从自己或部门的角度来提建议。
想要解决这个问题，就必须拓宽自己的视野和格局，站在上级
的立场去思考问题，再提出建议。

中层管理者不妨时常问问自己：如果我是上级，该怎么处
理这件事？需要考虑哪些因素？这样做的目的不是要越俎代
庖，而是要增强主人翁意识，把公司的事当成自己的事，急上
级之所急。秉持这样的态度和立场，才能提出对上级切实有益
的建议。

与同级沟通：贵在理解支持

对中层来说，哪一种关系在企业中最难处理？

不是上下级之间，而是同级之间。原因在于：大家都是同一战壕里的战友，并肩作战，地位上是平等的，不存在谁领导谁的关系，在沟通中不理会对方的反应，也是常有之事。不同部门有不同的利益，出于本部门利益的考虑，谁都认为自己部门的工作更重要，做到开诚布公和着眼于大局并不容易。另外，不同部门从事的工作也不一样，这也给沟通制造了障碍。

有些事很难，可依然要去做，同级沟通便是如此。中层管理者在处理同级关系时，要掌握一些原则和技巧，主要体现在以下几个方面。

·以诚相待，换取友善

任何一个中层管理者都希望和同级之间建立良好的人际关系，在融洽和睦的环境中开展工作。要达到这一目标，最重要的就是拿出真诚与善意，去换取他人的友好与真心实意，以真心换真心。

同级之间所处部门不同，但都是为同一目标工作的，不是完全对立的关系。所以，在同级取得成绩时，要真诚地祝贺，不要讥讽挖苦；在同级遇到挫折时，要主动给予关心，不要幸灾乐祸。以诚相待，与人为善，是中层管理者处理好同级关系的基础。

·积极配合，互相补台

这是一个讲究合作共赢的时代，那种"各人自扫门前雪，休管他人瓦上霜"的旧思维和旧做法，已经不符合时代要求了，在实际工作中也行不通。同级之间要正确把握集体利益和个人业绩之间的关系，要积极主动地配合，齐心协力地工作，更要有互相补台的意识。只有这样，才能获得最佳的整体效应。

·彼此尊重，切忌越权

每一位中层管理者都有其明确的分工和职权范围，彼此之间需要相互尊重，切忌擅自越权插手其他管理者职权范围内的工作，这会让对方产生一种被看不起、不被尊重的感觉，伤害到对方的自尊心。所以，在完成自己本职工作后，有能力和必要帮助同级工作时，一定得掌握好分寸，注意时机和方法。

·学会自制，理性处事

同级之间在交往过程中，经常会因为对某些事情的看法、意见、态度不一致而产生分歧，甚至出现争吵、发脾气。在这样的情况下，学会控制自己、提升自制力是很重要的。每个人的脾气秉性都不一样，如果针对某个问题交换意见时，不考虑对方的性格，也不能控制好自己的情绪，必然会闹得不可开交。不加控制肆意而为的最终结果就是两败俱伤。

碰到那些明知故犯的错误、不合理的要求、被人造谣中伤等问题，难免会令人愤怒，但越是在这样的时候，越应该保持理智：想想自己的激烈言辞和愤怒，会给对方带来什么影响？发怒是否能解决问题？发怒会导致什么后果？自己有哪些做得不当之处？如果能够想到这些，就能够让情绪冷静下来，减少争吵和对峙的情况发生。

·加强修养，避免误解

身为中层管理者，一定要加强自身修养，学会理解人、尊重人、平等待人，用自身的修养、语言、气质等影响别人，使其理解自己、尊重自己，不可盛气凌人。在发生冲撞时，尽量克制自己，必要的忍耐和退让不是软弱，而是有教养、有气度的选择。在发生冲撞后，要妥善处理问题，心平气和地谈心，避免意见积存，久而久之成了解不开的成见。

尽管问题发生后及时处理是良策，但比这更重要的是防患于未然。同级之间要减少误解和冲突，就得在言语沟通时多加注意：讲话要慎重，特别是在严肃的事情上、正式的场合中，语言表达一定要周密；听对方讲话，要全面客观地理解，不能只抓细枝末节，曲解人意；经过反复传播的话往往最后意思就扭曲了，很容易引起误会，一次有话当面说，不要在背后议论。

·摒弃偏见，根除嫉妒

同级之间思想沟通不到位，轻则容易产生误解，重则导致偏见。偏见是对人和事进行客观评价时所得出的不正确印象和结论，它比误解的危害更严重，在处理问题时很有可能会脱离实际，变成"对人不对事"。

处理同级关系，不但要秉持客观的态度，有容人不足的雅量，还要有容人长处的胸怀。同级身处在同一起跑线，潜存着竞争的因素，且个人能力、水平、气质、修养等方面都存在差异，因此要积极地向贤者看齐，虚心地向强者学习。切忌嫉贤妒能，采用不正常的手段去"挤"别人，非要弄得"我不行你也别行""我不好你也别好"。这样的话，既不利于自身的提高，也有损同级之间的关系，还可能会背上受人唾骂和为人所不齿的"小人"标签。

与下级沟通：给予足够尊重

地位会影响人的心理，有些中层管理者在从基层晋升到管理者的职位后，不由得产生了"居高临下"的感觉。比如，在下属汇报工作时，无论对方有没有说完，只要他觉得听懂了对方的意思，就直接打断下属的话，开始发表自己的观点，然后以某种指令来结束谈话。不得不说，这样会直接打击下属的士气，给人留下刚愎自用的印象。

时常会有中层管理者抱怨说，下属从来不把自己的话当回事，接受任务也是漫不经心，似乎根本就不想听自己讲话。从表面上看，这似乎是下属的问题，但如果中层管理者认真思考一下，就会发现一个事实：问题并不都出在下属身上，其中很大一部分原因是自己造成的。

作为一个管理者，请你扪心自问一下：对于下属的需求，你愿意倾听吗？你认真倾听了吗？对于下属工作中出现的问题，你认真理解和分析了吗？你的批评是否能让下属意识到问题并乐意接受？你是否愿意放下架子，腾出时间与下属谈谈心，互动交流？

如果这些你都没有做到，很遗憾，你和下级的沟通是不合格的。沟通不是简单的你说我听，而是一个信息交流、思想统一、增强认同感、提升凝聚力的过程。在与下级的沟通中想要取得良好的效果，中层管理者必须掌握一些技巧和方法。

·沟通≠传递命令，要保持双向互动

沟通不是一个人说一个人听，你既要讲话，也要听下属讲话，让大家都能开诚布公地说出自己的想法，这样才能真正地发现问题，找到现有问题产生的原因，为解决问题奠定基础。如果沟通过程中只有一方积极主动，另一方消极应对，沟通必然会失败。

当下属表达他的想法时，你要积极地倾听，听清、听懂并理解他的意思，这样才能给予准确的反馈。另外，在沟通过程中，不要摆出高高在上的姿态，双方的地位应该是平等的，中层要充分地尊重下属，无论是讲话的语气、语调还是肢体动作，都要体现出对下属的尊重。

每个人因自身定位、经历、环境的不同，对事情的看法也有差异，中层管理者不能只从自身角度出发去考虑问题，也要从下属的角度出发考虑问题，多了解下属的看法和建议，从其讲话或行动的动机出发去考虑，切实地理解对方。这样才能得出更符合实际的结论，沟通也才能更加顺利。

·赞扬讲究实效性，体现语言艺术

下属做出成绩，中层管理者不能视为理所当然，得不到及时的肯定，下属在情感和积极性上都会大受打击。反之，如果管理者不着边际地搬弄一番溢美之词，也会产生负面的效应。

某技术员在某技术难点上有了全新的突破，其部门主管是这样表扬他的："世上无难事，只要肯攀登。海阔凭鱼跃，天高任鸟飞。××的行动充分体现了新时代青年的拼搏意识和英雄主义精神。"显然，这样的赞扬之词，听起来"假大空"，完全没有起到应有的激励作用。

如果换一种方式来表达："我一直相信你能够突破这个难关，现在终于成功了，祝贺你。近期你一直都在忙，占用不少休息时间，真让我们过意不去。"简简单单的一番话，听起来很真实，既充满了对下属的信任，也激起了下属的自信，更传达了对下属的理解和关爱。

表扬要实在，不要假大空。就赞扬下属来说，中层管理者在表达时还需要注意以下几点：

——表扬要突出重点，并兼顾他人

对做出成绩的下属进行表扬，必然会让那些没有受到肯定和表扬的下属感觉不舒服，有些中层顾忌这一点，总是避免公开表扬个人。其实，这样做并不合理，容易让有突出贡献的下属心理失衡。

　　某车间工作小组业绩不错，每次在厂里都是名列前茅。不过，小组里有几个人工作表现很突出，而大部分的人工作成绩平平。车间主任很清楚这一点，但他为了照顾多数人的情绪总是在车间里这样说："大家工作得很好，继续保持和努力啊！"因为整个小组都得到了表扬，没有突出个人，严重打击了那几个业绩突出的工人的积极性，他们私下里念叨："拼命干活和混吃混喝有什么区别呀？你付出的那些，人家根本看不见！"

　　很明显，这就是车间主任的表扬没有突出重点导致的，如果他这样说："这个小组成绩不错啊！特别是××和××，效率非常高，单位小时件数达到了××件，在全厂都是数一数二的，你们要向他们学习，争取人人都是高效标兵。"既突出了重点，又不损伤其他人的自尊心，效果会更好。

　　——表扬要具体，最好结合事实

　　有些中层管理者在表扬下属时，会说这样一句话："××表现不错，大家要向他学习。"看似是肯定，细听却有问题，到底××好在什么地方，谁也不知道。所以，表扬下属要尽可能讲清楚原因，这样能够体现领导对下属的关心和表扬的诚意。比如："L上午处理那件事情的办法很妥当，特别有耐心地处理客户投诉，委婉地向客户解释原因，并及时采取了补救措施。"这样的肯定，远比说一句"L上午的表现很不错"要好得多，被表扬的人能够清晰地知道，领导是在肯定自己的哪一方面，而其他下属也可以从中学到今后遇到类似的情况该怎样处理，从而有一个借鉴和参考。

——表扬要及时，旧事重提效果差

很多人都喜欢玩"消消乐"游戏，玩家在游戏过程中取得好的成绩时，"消消乐"游戏会通过音效表扬玩家，从"good（好）"到"unbelievable（难以置信）"，带给玩家快乐体验，这就是即时反馈和正向强化。心理学上讲，要塑造一种新的行为并巩固下来，需要及时反馈和正向强化，"消消乐"就是通过这样的方式，增加玩家的黏性。

从效用上来讲，赞扬本身就是一种正向强化，而要让它发挥出最大效用，就得趁热打铁、及时表扬。一个人在做完一件事后，总希望尽快地了解它的价值和周围反应。如果能够及时得到肯定，会让他感到愉悦、有价值感，使这种积极的行为得到强化。如果等下属都已经淡忘了这件事时，领导再旧事重提进行表扬，效果就没那么好了。

· 批评要惩前毖后，让下属心悦诚服

任何员工都会在工作中出现错误，有些中层管理者在处理下属犯错的问题时，会毫不留情劈头盖脸地将对方狠骂一通。结果，不但伤了和气，也伤了感情，让下属对领导心怀不满，或是沮丧泄气。无论哪一种结果，对工作展开都是不利的。

　　一个出色的中层管理者，在批评下属时总是极力避免上述的情形，他们能够站在员工的角度去看待问题，有大度的胸怀和缜密的思维，然后不伤感情地指出下属的问题，让其感受到应有的尊重，从而心悦诚服地进行改正。

　　施瓦伯曾任美国钢铁公司总经理，有一次到公司旗下的一家钢厂视察，碰巧看到几个工人在吸烟，而他们头顶的公告牌上明文写着：禁止吸烟。按照一般人的思维模式，完全可以指着公告牌当场训斥工人："这里不允许吸烟，你没看到吗？"

　　可是，施瓦伯没有这样做，他走到这些工人面前，分给每个人一支雪茄，说："嗨，弟兄们，如果你们能到外边去吸雪茄，我会更高兴。"那些工人知道自己犯了错误，内心感到非常愧疚，但他们更加钦佩施瓦伯的气度，因为他不但没有责备他们，还给他们每人一支雪茄。

　　施瓦伯的高明之处就在于，他知道当场抓住了工人的错误，对方心里也会紧张和自责，这个时候痛斥他们，会让工人很没面子。所以，他选择委婉地指出工人的错误，减轻对方的压力，让对方体面而心悦诚服地接受批评。

　　否定和批评只是手段，真正的目的在于根除工作中的错误，让下属走上正确的道路。要达到批评的目的，就要讲究批评的艺术，避免消极的、简单化的倾向，以下几个细节是需要中层管理者特别注意的。

——实事求是，忌捕风捉影

批判的前提是，下属确实有错误存在，如果对方没有犯错，你还没有完全弄清情况就上去批评人家，会给下属一种错觉，认为你是在针对他。因此，切忌疑神疑鬼、捕风捉影，一定要实事求是。

——就事论事，忌攻击个人

批评要对事，不能针对人，更不能以审判官自居，甚至恶语相加。否则的话，会损伤下属的自尊心，无法真正地解决问题。

——事先预警，忌突然袭击

批评前要先打招呼，让下属有心理准备，提前进行心理调整，避免引起大的情感起伏，以致影响工作。更何况，做错事的人本身会有自责和恐慌的心理，如果乘人不备突然袭击，会让人羞愧不安，从此一蹶不振，完全否定自我，不利下属身心健康。

——注意场合，忌不管不顾

批评要分场合，通常的批评在小范围内进行，能够创造亲近的语言环境。如果是必须在公开场合批评，要特别注意措辞，不宜大兴问罪之师。

——言语有度，忌无休无止

批评要有度，少说能解决问题的就不要多说；一次批评能奏效的，就不要再增加次数。无休无止地批评，未必能纠正问题，更可能令人生厌。若是严肃的批判，一定要有准确的内容、合理的程序和必要的时间限制，不要试图通过一次批评改变所有的问题。

　　总而言之，中层管理者要明白，领导与下属在人格上是平等的。无论处理什么样的工作，都不要在下级面前摆架子。你越尊重下属，越懂得换位思考，你在他们心中就越有威信，工作就越好开展。多赞扬少批评，赞扬要具体，批评要有度，以情感人的沟通，换来的是不断增进的威望。

第 5 项 修 炼

决策力修炼
——方向盘在你手里，刹车在你脚下

决策力就是致胜力

著名管理与决策大师西蒙说："决策是管理的心脏。"

决策关系着组织发展的成败，也关系到组织的生死存亡。决策如此重要，领导者的决策能力就更不容忽视了，毕竟决策是人做的。曾有人做过一项统计分析：企业增加一个普通劳动力，可以取得 1 ∶ 1.5 的经济效果；增加一个技术人员，可以取得 1 ∶ 2.5 的经济效果；增加一个高层决策者，可以取得 1 ∶ 6 的经济效果。

那么，到底什么是决策呢？

决策是一门科学，是人类社会确定方针、策略的活动，它有意识地指导着人们的行动走向未来预定的目标。就决策的内涵来讲，主要包括以下几方面：

• 决策是为解决某一问题做出的决定。领导者要实事求是地进行调查研究，发现问题。

• 决策是为达到确定的目标。领导者要对全局有掌控，准确地预测组织未来的发展。

- 决策是为了正确行动。领导者要有坚强的意志、毅力和耐心贯彻自己的决策。
- 决策是从多种方案中做出的选择。领导者要有敏锐的洞察力。
- 决策是面向未来的。领导者要随时准备应对决策中的不确定性事件和新问题。

综合来看，决策就是判断，在各种可行方案之间进行选择，这些方案很难说清楚哪个更正确。就如经济学家周其仁所言，决策的本质特征是主观选择，是在信息不完全的情况下，在未来的几种可能性中做出一种选择。在决策过程中，可以减少主观性，但最后，决策依然是主观的。所以，一个中层管理者能否对各种方案进行科学比较，能否在不同意见中选择最好的意见，就成了决策的关键点。

很多中层管理者不禁会问：决策力如何获得？

决策需要有决断力，但决断力不是凭空来的，需要有一定的能力作为支撑，才能够提升决策的正确率。结合国内外众多决策者和学者的特点，我们总结出，领导者想要提升决策力，需在以下几种能力上下功夫。

·全局掌控能力

有时组织在某个地方暴露出问题，但问题的原因和解决方法可能并不在此。如果领导者没有全局性的眼光，就可能会做出不恰当的决策。我们经常会谈到"高瞻远瞩"和"明察秋毫"，强调的就是站得高、看得远，掌控全局。

有些中层管理者终日埋头在繁杂的事务中，瞬息万变的市场让他们忙于奔波，没有时间思考，可能在决策时就不够冷静客观，不能看到决策的根本初衷。为了避免决策失误，此时需要做的是，静下心来体会、反思、规划，理出清晰的思路，在照顾到细节的同时兼顾整体，才能一统全局，减少"头痛医头、脚痛医脚"的做法。

· 历史洞察能力

在组织决策中，时间问题经常被中层管理者忽略。从时间上划分，组织的目标有短期目标和长期目标，所有的问题也包括短期问题和长期问题。在做决策时，这两者一定都要兼顾到，切不可偏颇。

有些举措和办法，当前看是不错的，但将来未必对组织有益。领导必须站在历史的高度去思考问题，才能正确地决策，有效地利用时机，抓住机会让组织以合适的速度健康地发展。

· 多维思考能力

市场环境总在不断地变化，无论是企业的高层领导还是中层管理者，在企业中的角色定位也会随之发生改变。过去，领导者最重要的能力是管理能力，而今最重要的是预见能力，也就是有前瞻性，能够在预见明天、实施今天和准备变革之间找到平衡。

这种角色的变化，对领导者的思考能力是一个巨大的挑战。可以说，如何思考、思考哪些内容，是每一个领导者都必修的艰难课题。领导者不能一味地秉持线性思维，而要学会多维思考，养成从多个角度分析、思考问题的习惯，在分析关键因素的同时，还要考虑到其他相关因素。只有做到多维思考，兼顾结果和过程，才能适应环境，不断成长。

·抽象思维能力

曾有一位世界知名企业创始人说过这样一番话："管企业就像看书一样，先要把书看薄，从企业管理的日常经验中总结出规律性的东西来，指导企业的管理。"

其实，这番话强调的就是抽象思维能力，即从管理的实践经验中，总结出对经营管理富有指导意义的哲理层面的东西，继而对管理进行积累，逐步建立适合本企业、本部门实际的规范化管理思想体系和制度体系。联想的柳传志曾提出管理三要素——建班子、定战略、带队伍，体现的就是领导者的这种抽象思维能力。这种三要素不是凭空而来的，而是领导者从企业的实践经验中总结出来的，形象生动、简单易懂。

抽象化思维能力的作用，在于解决管理中"为什么"的问题，解决了"为什么"的问题，才能准确定位组织的发展方向，让领导者在管理上避免犯方向性的大错。

·具体创新能力

所谓具体创新能力，就是要把从书本上、别人的经验教训中学到的东西消化，继而转化成具有可操作性的东西。比如，我们经常会学习到一些大型国际企业的成功管理经验，这些管理理念的确很好，但如何借鉴呢？这就需要中层管理者对这些理论和经验进行深入思考，将其与工作中的具体问题相结合，形成具有自身特色、符合企业实际的管理理念和方法。

总而言之，中层管理者要学会站在高远的角度去看问题，这样才能提升全局掌控能力和历史洞察能力。与此同时，在学习管理知识和经验的同时，勤思考，把学习来的东西和实际工作结合起来，切实解决组织的"为什么"的问题。只有这样，才能快速地提升自己，从而增强决策能力。

做不到绝对正确，起码得避开误区

看过电影《蝴蝶效应》的朋友，想必都曾有这样的感慨：只改变一个很小的决策，最后的结局却会大相径庭。决策的威力，无须赘述。

生活也好，管理也罢，都是由一个个决策构成的，与电影不同的是，一旦我们做出了某种决策，并将其付诸行动，就不可能像电影一样返回去重来，而是要承担决策带来的一系列后果。

鉴于此，中层管理者在做决策时一定要慎重，切忌盲目。做决策之前，一定要多了解、多思考。尽管没有人能够保证自己所做的每一个决策都是完美的，但身为企业的中层管理者，肩负着重大的责任，起码要避开一些决策的误区。

·误区 1：未充分了解情况就做决策

很多时候，如果我们对某个事物缺乏全面的、系统的了解，只看到某一个或几个方面，得出的结论往往都会有失偏颇。对情况缺乏足够了解，会直接导致中层管理者做出错误的决策。

当然，中层管理者有时难以得到所需的全部事实，这时候就要依靠过往的经验、良好的判断力和常识性知识，做出一个符合逻辑的决策。如果为了节省时间图方便，不去收集可参考的各种事实，那就是明知故犯了，这样的错误是不可原谅的。

·误区 2：要求自己的决策永远正确

有些中层管理者过分追求完美，希望自己的决策永远正确。这种绝对化要求，其实是一种不合理的信念。事实上，没有人能够保证自己永远不犯错，且任何决策都不可能是绝对圆满的，总会有利有弊。对中层管理者而言，重要的是坚持决策的优选法则——两利取其重，两弊取其轻，尽量让决策趋近于完美即可。

·误区 3：畏惧承担责任而不敢决策

有些中层管理者在做决策时犹豫万分，这种犹豫不同于谨慎，而更多的是一种习惯性担忧，总害怕所做的决策会有问题。说到底，就是害怕犯错和失败，这一点是阻碍人成功的最大障碍。

中层管理者要明白一点，决策不是选取了某一种方案就大功告成了，后续还要监督跟进。一旦发现有问题，及时更正和调整不让错误继续下去，就不会造成不可挽回的损失。怕就怕，畏惧犯错，什么都不做，丧失执行力，最后导致一事无成。

·误区4：把客观事实和主观意见混淆

诺贝尔经济学奖获得者卡尼曼认为：大脑有快慢两条做决定的途径，常用的、无意识的"途径1"是依靠情感、记忆和经验迅速做出判断，属于快思考、直觉思考；有意识的"途径2"是通过调动注意力来分析和解决问题，并做出决定，属于慢思考、理性思考。

决策是一件重要的事，中层管理者显然要依靠客观事实来做一个理性的决定，而不能凭借主观臆断。可在实际工作中，许多中层管理者会把客观事实和主观意见混淆。

所谓客观事实，就是可以被证明的陈述，无论你对一件事持有什么样的看法，它该是什么样就是什么样。所谓主观意见，是你对某件事物的看法或感觉，不一定都是符合实际情况的。当别人传递给你一个信息时，你一定要弄清楚，对方所说的到底是事实还是观点。要依据事实而不是主观意见来做决策。

·误区5：害怕别人议论而不敢做决定

有些中层管理者过分在意别人对自己的看法，害怕遭到他人的议论，就算心里已经有了决定，也是话到嘴边不敢开口，生怕被人批评。从心理角度看，这种中层管理者需要别人肯定自己，不能接受他人认为自己不好。

诚然，渴望得到他人的尊重，是人类最基本、最自然的一种需求，但这不代表要事事都以他人对自己的看法为标杆，为求得所谓的别人说"好"，而做出错误的决策。你要知道，他人想什么、说什么，你无须对其负责，你只对自己说什么、做什么负有责任。

不可行的决策，就是白费力气

美国一家化学工厂遇到了一个难得的发展机会，准备在发展中国家开设一家分厂。经过详细的考察后，最终决定把这个分厂开在印度。

既然要开设分厂肯定要委派负责人，谁来担此重任呢？他们从公司位于世界各地的分厂中筛选人才，最后选定了两个最佳候选人：一位是负责巴西工厂技术部门的佛尼斯，他毕业于一所名牌大学的化学专业，在技术方面有过人之处；另一位是负责公司总部事务性工作的斯帕西，54 岁的他有一定的管理才能，但在拓展市场方面尚未有出色表现。

几经商榷和权衡，总部最后选择派佛尼斯去印度，因为他有在发展中国家工作的经验。不过，这样的决策却没有带来预期的效果。相反，佛尼斯的表现让人很失望，致使公司在印度的投资陷入了被动的局面。

佛尼斯在巴西待过几年时间，可印度的情况和巴西有很大的不同。他无法处理承包商的要求，没有申请到许可证，解决不了和工会之间的分歧，甚至找不到自己需要的人才。虽然工程延期，工厂的开工远远超过预定的期限，但最终还是投产了。可是紧接着，产品的销路问题又成了一个巨大的拦路虎。

事后，这家公司的领导为自己的错误决策进行检讨，他说："虽然佛尼斯的履历表很吸引人，处处都闪烁着光芒，但我们都忽略了一个事实，他是一个技术型人才，并不具备管理才能。他在巴西的表现之所以出色，很大程度上是因为他在那里只负责管理技术部门，而不是整个公司。"

每一个中层管理者都应当思考这个问题：决策的最终目的是什么？只是做出一个最优选择吗？显然不是，做决策的目的是让决策转化为行动，产生实际效果。如果一个决策不具备可行性，它听上去再完美，也不过是纸上谈兵。真的实施起来，不是困难重重，就是损失惨重。

以美国这家公司在印度开设分厂的实例来说，确定了这个项目，先得考虑是否有人可以做。如果找不出合适的人选，这个决策就是不可行的，应当放弃。想让决策真正地转化为行动，必须明确"谁来实施""让谁了解"，以及"怎样实施"。

有一家制造生产设备的大型公司，几年前就决定停产某一型号的设备。这款设备是该公司多年来的标准设备，应用普遍，订单很多，公司决定未来三年继续为老客户提供这种设备，但在三年后就要停止生产和销售这种设备。

公司的决策早早制定了，但整个公司却有很多人不知道这个决策，就连采购部门也没得到消息，依然还在订购这种设备的零件。三年后，公司准备正式停产这种设备了，却发现库房里积压了大量的零件库存，损失相当惨重。

归根结底，出现这样的问题，就是因为领导者在做出决策时没有把这个决策的责任落实到人，没有制定相应的措施，采取合理的行动。结果，导致没人实施，没人了解，没人落实。这个决策，就是无效的指令和计划。

由此可见，要使决策具备可行性，管理者在实施决策前，一定要做好周详的准备。

·实际调研，掌握第一手材料

我们说过，决策要建立在客观事实的基础上。中层管理者在决策前，一定要深入实际调查研究，掌握第一手材料，这是科学决策的前提和必须坚持的原则。一个决策是否科学，与中层掌握第一手材料的数量、准确度、完整度有直接关系，掌握有关实际情况的信息越多、质量越高、情况越真实，决策的基础就越坚固，所做的决策也就越稳妥。

·打开思维，先谋后事者成

古语有云："先谋后事者昌，先事后谋者亡。"意思是说，谋划好了再做，就会昌盛；做了事情再谋划，就会衰亡。把这一道理延伸到决策的问题上，就是指决策前要做大量的调查研究，进行可行性论证，这是一个至关重要的环节。

有些中层管理者在选择决策方案时，只看重调查研究材料，认为来自客观事实的就是"真理"。这种"一锤定音"的方式太过片面。正确的方式是，多一点双向思维、逆向思维，对决策方案用挑剔的目光、苛刻的态度进行审定，及时准确地发现决策方案中存在的不足和风险，让决策尽量完善。

·集思广益，议决而不自决

有智慧的中层管理者通常都善于发挥决策群体的作用。在做决策前，他会组织民主讨论，让每个人都发表意见和建议，听取各种意见的长处和不足，让方案的利弊充分显现出来。这样的做法，可以开阔思路、取长补短，统一决策认识的过程。民主讨论形成的决策通常更可靠，也更能够调动各方面的积极性、创造性和主动性。

实践证明，经过民主讨论形成的决策，在实施过程中发现有问题时，原来的反对意见会成为一个现成的补救方案，能够有效地解决临渴掘井、束手无策的问题。所以，中层管理者一定要重视决策前的民主讨论，将其作为决策过程中的一个重点环节。

　　正确地决策，是中层管理者的重要任务，也是中层管理者管理艺术和领导水平的集中体现。做好决策前的准备，在落实决策的过程中及时监督跟进，洞察决策是否有偏差和失误，并及时进行更正调整，才能确保决策先进、科学、可行、高效。

做重要的决策，别想着面面俱到

　　没有经验的中层管理者往往会被很多问题困扰，其中一个重要原因就是，他们想把每件事都做好，几乎每一个决策都要亲自来做，忙得团团转。这样的中层管理者，时间精力付出了不少，却跟卓有成效完全不沾边，甚至可以说是不太合格的。

　　美国知名管理学家伯特·凯金说："糊里糊涂地决策，只能糊里糊涂地完蛋。"这里说的"糊里糊涂"，就是指不分轻重缓急，胡子眉毛一把抓。真正优秀的管理者，应当把主要精力放在战略的决策上，主抓经营管理工作中的重点，而不是着眼于解决每一个具体问题。

　　意大利经济学家帕累托提出过一个著名的"二八法则"。他从研究中归纳出这样一个结论：80% 的财富流向了 20% 的人群，而 80% 的人却只拥有 20% 的财富。事实上，"二八法则"不只存在于经济领域，在管理方面也具有适用性。

　　K 是某公司的设计总监，在别人看来，他简直就是疲于奔命的工作狂。每天，他要花上六七个小时来做设计和研究，此外还要兼顾部门里的其他事务。他经常风尘仆仆地从外面回来，又急急忙忙地出去，部门里的每件事情，他都要亲自参与才放心，就算人不在办公室，电话也会准时打来。

　　周末，K 难得跟朋友聚餐，手和眼却不离手机。朋友略显尴尬，小心翼翼地问道："你每天都这么忙吗？"大概是意识到自己的做法影响了进餐的氛围，K 抱歉地说："不好意思啊，主要是事太多了，时间又不够用。现在还有一堆事拖着没做呢！"

　　朋友不解："你干吗要忙成那样呢？管好你的时间，做好重要的事就行了。"

　　就是这句话突然点醒了 K。他发现，自己忙了半天，做的真正有价值的事很少。之后，他听了朋友的建议，把那些无关紧要的小事都交代下去，自己集中精力解决一些重要的问题。一段时间之后，他发现自己的做事效率高了很多。

　　K 彻底改变了以前的工作方法。他手上很少同时有三件以上的急事，通常一次只有一件，其他的都暂时放到一边。大部分的时间里，他都来思索部门的重点任务，至于细微的工作，看看部门里谁做合适，就让谁去做。他需要做的只是时常监督一下工作的进度。结果就是，部门的业绩越来越好，自己还更轻松了。

从决策者的角度来说，谁都希望把决策设计得周全，没有疏漏。但是，要做到这一点是非常困难的，更切合实际的做法是，挑出一个关键部分进行决策，把时间和精力用在最重要的事情上。越是想着面面俱到，到最后可能顾此失彼，弄得一团糟。

要成为一个高效能的中层，就得学会把时间用在最重要的事上。在做决策之前，思考一下你关注的事情是否符合以下五个标准：

• 标准1：完成这件事让你更接近自己的主要目标。

• 标准2：完成这件事有助于你为实现组织、部门、小组的整体目标做出最大贡献。

• 标准3：完成这件事的同时，可以解决其他许多问题。

• 标准4：完成这件事能让你获得短期或长期的最大利益，如升职加薪等。

• 标准5：完不成这件事会产生严重的后果，如生气、干扰、责备、失业等。

如果你关注的事情刚好符合这几项标准，那么这个决策是很重要的，你必须谨慎处理。如果不符合这些标准，那就说明它不是很重要的事，大可授权给下属去处理，你只要做好监督工作即可。当一个中层管理者懂得把时间用在最具有"生产

力"的地方，把精力用在最具价值的决策上，工作就不再是一
场无止境、永远也没有终点的赛跑，而是可以带来丰厚收益的
活动。

真理有时掌握在少数人手中

说起 20 世纪初美国贝尔电话公司的总裁费尔先生，很多人可能并不太熟悉，但他其实是美国商业史上一位出色的决策人。他担任该公司总裁近 20 年时间，任职期间创造了世界上最具规模、成长最快的民营企业。

很多人都问：为什么费尔能够创造这样的业绩？结合他在任职期间的表现，人们总结出了一个重要原因，那就是他敢于力排众议，做出了四项与当时多数人看法不一致的战略决策，比如其中的两项决策就是满足大众需求和建立贝尔研究所。

费尔很早就看清了一个事实，电话公司想保持民营形态、自主经营，就得有与众不同的理念，否则迟早要面临被政府接收的结果。为此，他脑子里产生了这样的理念：贝尔公司虽为民营企业，但应该比任何政府机关部门都更加照顾社会大众的利益。

很快，费尔就提出了"为社会提供服务是公司的根本目标"的口号。在 20 世纪初，这样的口号是很难被人们接受的，大家都认为企业的目的在于赢利。为此，费尔也遭到了贝尔公司董事会的解聘，还被人说成脑子不正常，然而，若干年后，美国出现了将电话公司收归国营的警报，贝尔公司董事会这才意识到自己所犯的错误，又将费尔先生请回。

回到公司后，费尔决定投资一笔经费设立研究所，对公司当时的技术和工艺进行研究、更新。要知道，这些技术和工艺在当时为公司带来了极大的利润。他的这项决策又遭到了董事会的强烈反对，他们认为费尔的想法简直不可理喻。

但费尔坚持己见，他认为一个对市场具有独占性的民营企业，必须自强不息才能保持活力，如果企业没有竞争力，就不可能成长。在他的坚持下，贝尔研究所建成了，之后也成为企业界最成功的科研机构之一。

坚持"做"一件事，需要力排众议的勇气；坚持"不做"一件事，同样也需要力排众议。瑞士军事理论家菲米尼说过："一次良好的撤退，应与一次伟大的胜利一样受到奖赏。"这句话原本是用于战争的，可在做决策这件事上也同样适用。对于那些不够好的、不适合再继续实施的决策，领导者也需要有决断力，做出停止的决策。

松下电器公司的通信部，曾经为大型电子计算机的开发生产项目投入了大量的资源和精力，且试制成功了该项产品。但是，松下幸之助先生在分析了各方面的情况后，还是决定叫停此项目。他发现，大型计算机的市场前景并不太理想，需求量很少，继续做下去的话，很可能会造成重大损失。

松下先生的决策一经发布，顿时舆论哗然。企业内部的人员都认为：花费了五年时间、耗资巨大的项目就这样放弃太得不偿失了。要放弃的话，日本国内 7 家生产厂家中的另外 6 家也可以放弃，松下公司何必非要退出呢？

外部的舆论更是纷繁，认为松下电器公司可能是技术方面不成熟，也可能是资金出现了问题，所以才会放弃这个项目。就连一些久经沙场的高层，也对松下先生的决策持怀疑态度。总之，松下先生当时面临着众多的非议和困扰，但他还是顶住意见与舆论，坚持叫停了这个没有前景的项目，把所有资源转移到其他方面。

后来的事实证明，松下先生的决策是正确的。电脑市场的竞争日益激烈，仅在日本就有富士通、日立等公司在做最后的冲刺，如果松下电器再进攻这个市场，也许能够存活下来，但也可能会全军覆没，这无异于在拿整个企业做赌注。面对这样的形势，他选择了退出。

虽说决策之前要集思广益，但凡事都有例外，在某些情况下，多数人的意见未必就是正确的。对于部门内部的一些决策，中层管理者有时需要拿出力排众议的勇气，让自己与众不同的决策得以实施，从而避免损失。当然，在做这项工作时，一定要谨慎再谨慎，把握好度，切忌越过自己的职权范围。

没有不失误的决策，只有不知弥补的中层

前面我们说过，中层管理者在做决策时通常不是做"是"与"非"的选择，而是在几种相似又有差异的方案中择优去劣。这里存在着很大的不确定性，谁也不敢完全保证所做的选择是绝对正确的。换而言之，中层管理者在选定某一方案时，要充分考虑到这一决策失误的可能性，并准备好相应的替代方案，即"尽最大的努力，做最坏的打算"。

说来简单，做来不易。当中层管理者真的发现某一决策存在失误时，具体要如何应对和处理，才能把损失降到最低呢？

·及时消除错误决策造成的负面影响

决策在执行过程中发现存在不足和错误，肯定会损害到正在推进的工作和项目。如果发现得及时，影响可能不太大，如果发现得晚，后果会很严重。无论哪一种情况，在发现决策存在失误后，第一时间要解决的不是争论对错，归咎责任，而是要立刻停止决策的执行，用最有力的措施稳住局面，消除由此

产生的负面影响，把损失降到最低。

此时此刻，每一个和决策相关的当事人心里都不舒服，毕竟事情没有做好。在这样的情况下，批评和处分无法从根本上解决问题。面对这样的局面，中层管理者要顾全大局，精诚合作，同心协力，互相补台，积极地出谋划策。对于直接责任人，要给予适当的心理安慰，避免其因一时失意而气馁。

·深刻反思导致决策失误的主要原因

中层管理者决策失误，不但关系着其个人的荣辱得失，还影响着他带领的团队以及项目的命运。情况虽严重，但也不必害怕或逃避，在失败中汲取教训即是成长。只有做到勇敢面对，吃一堑长一智，才能避免在今后的决策中重蹈覆辙。

通常来说，造成决策失误的主要原因有两点：

其一，从主观方面来说，中层管理者没有对决策目标予以应有的重视，违反了决策程序，决策前的调查研究做得不到位，知识水平和领导经验不足，又没有广泛征求意见，想当然地依靠己见做了决策。其二，从客观方面来说，中层管理者制定决策的手段无法适应决策对象的快速变化，导致决策与实际不匹配。

无论是哪一方面的原因，都值得中层管理者深刻反思，从中汲取教训，在今后的决策中避免类似问题发生。明知故犯、一错再错，就不值得原谅了。另外，总结经验教训不能只停留在口头上，还要落实在行动中，尤其是要纠正决策思想、改进决策方式、端正决策态度、丰富决策知识与经验。

· 精心修正原有的决策方案

决策失误后，中层管理者要深入分析原因，汲取教训，并广泛听取各方意见，而后再根据实际情况对原有的决策方案进行修正和完善：重新研究决策目标、遵循决策程序、审视决策方案。切忌因为是二次决策就掉以轻心，随便应付，更不能带着厌烦的情绪去处理，这是对工作、对企业、对自己、对团队不负责任的表现。

出色的领导者，要有否定自我的勇气，还要在否定自我的过程中完善自我、提升自我。原来的决策方案中，对的可以保留，错的要修正，未考虑到的要补充。即便做到这些，也无法保证新的决策完全正确，还要延伸决策过程，进行试点。毕竟，实践是检验真理的唯一标准，也只有经得起实践检验的决策，才是科学的决策。

· 督查指导决策全面快速执行

为了保证新决策的执行力度，中层管理者必须要做好监督指导工作，及时发现、解决执行决策过程中存在的突发状况。如果执行者的方式方法有误，要耐心地给予指导和帮助，保证决策执行不走样；如果是自身考虑不周的情况，要主动承担责任，表示歉意，并及时作出调整，这些都是改进工作的有效手段。

督查指导很关键，但也不能过于死板，对执行决策的过程管得太细、太死，这样会打击团队的积极性，阻碍团队发挥创造力。要做到宽中有严，粗中有细，抓住关键的环节，坚持基本的原则，处理好重要的问题，这样才能确保决策全面快速的执行。

最后要说明的是，身为中层管理者，无论你在过往的工作中做过多少次英明的决策，哪怕这些决策都是最优的，也不要盲目自信、掉以轻心。对自己眼下和未来要做的任何决策，都要考虑到失误的可能性，只有做到未雨绸缪，才能保证临危不乱。

第 6 项 修 炼

执行力修炼
——决策前100%沟通，决策后100%执行

中层执行不力，就会变成"多余"的人

临下班之前，老板交代新上任的后勤主任说："安排两个员工布置一下会议室，明天上午 10 点要跟合作商在会议室谈判。"随后，后勤主任叫来两个职员，把老板的话重复了一遍："你们两个布置一下会议室，明天上午 10 点谈判需要用。"

第二天，会议室没有按照惯例摆放鲜花，老板问清缘由后，没有责备布置会议室的两个职员，而是把新上任的后勤主任解职了。后勤主任觉得挺委屈，还想替自己辩解，却被老板一句话怼了回去："身为中层，执行不力就是失职，就是多余的人。"

美国 ABB 公司董事长巴尼维克曾说："一个企业的成功，5% 在战略，95% 在执行。"

所谓执行力，就是贯彻战略意图、完成预定目标的操作能力，是企业竞争力的核心，是把企业战略、规划转化成效益、成功的关键。一个连上级交代的小事都执行不到位的中层，如何扛得起执行企业战略规划的大任？

在实际工作中，你可能也碰到过这样的情景：在企业的季度工作会议上，各个部门的中层管理者纷纷发言，对自己所在部门的工作情况进行总结。

销售部主管说："最近的销售业绩不理想，我们有一定责任，但更主要的原因是对手推出了新品，抢占了一部分市场。"

研发部主管听后，解释说："我们最近推出的新品是少了一点，这是因为研发预算太少。原本预算就不够，财务部门还给削减了大半。"

财务部主管接过话茬："公司成本在上升，没有那么多资金。"

采购部主管立刻说明："采购成本上升了20%，是因为中东有一个生产铬的矿山发生了爆炸，导致不锈钢价格骤涨。"

大家面面相觑，最后异口同声："原来如此。"言外之意就是：不是我们的问题。

这种现象属于典型的中层松散，工作遇到难题时，各部门负责人不是先从自身找原因，而是指责其他部门没有配合好自己的工作；出现问题后无人过问，装作什么都不知道；就算知道有问题，也相互推诿。最后，让问题不了了之。中层变成了一盘散沙，不能协同作战，执行力衰微，对企业而言就是一场灾难。再好的战略，再好的决策，都会毁在这种人身上。

我们都知道，执行的实质就是通过部署去完成任务，借助团队的力量实现组织目标。但一个企业的执行力如何，关键就在于中层对于执行角色的认知程度。曾经有人把中层管理者比喻成三明治中间的食材，一个三明治好不好吃，关键就看中间的食材味道如何；一个企业的执行力是否强大，关键就看中层管理者是否精干。

有一项调查显示，企业能否实现可持续发展，达到更高的业绩，关键因素不只在于高层，更在于有执行才能的中层管理者和专业人才。他们如同纽带，把高层主管的意愿、工作动能及生产效率和市场现实连接起来，这三个因素是企业发展的动力。

总之，从某种意义上说，中层管理者就是中层执行者。执行力的高低，直接决定中层管理者价值的高低，当一个中层管理者丧失了执行力，他也就丧失了在企业中存在的意义。

执行不只靠员工，以上率下才靠谱

海尔集团在解决内部执行力水平不均衡的问题时，采用的是"抓短板"的方式，即找到管理中的薄弱环节，从"木桶最短的那一块木板"抓起。

某年年初，海尔集团找到的"短木板"是下属公司的一位经理。在跟她一起分析企业运营出现问题的原因时，这位主管抱怨道："这里员工的素质太差了。"话一出口，就遭到了高层领导的反驳："为什么员工的素质差？且不说刚招聘来的新人，就说大学毕业又出国培训过的技术人员，他们的素质不能说差吧？这些人在原来的工厂可都是骨干人才，怎么到了你负责的公司以后都不如从前了呢？"

最后，海尔的元老张瑞敏说了句一针见血的话："员工的素质就是你的素质。"集团的高层分析说，如果中层管理者没有制定一套提高员工素质的机制，素质低的人永远都不会自发地改进，素质高的人也会因为缺乏激励而变得懈怠。

作为海尔集团的负责人，张瑞敏非常看重中层管理者的执行力和实干精神。20 世纪 90 年代中期，有一次，海尔集团内部个别干部思想上产生了偏差，想靠不正当营业手段寻求虚假效益，事后还没有及时报告。集团针对这一现象召开经理会议，张瑞敏在会上严厉地批评了那几个中层干部："搞生产经营，不老实干，休想！海尔人从无到有，从小到大，发展到销售额 25 亿元的规模，靠的是什么？靠的就是脚踏实地的拼搏精神，你们失去了这种精神，工作才迟迟不见成效。"

借助这个机会，张瑞敏还特别向中层管理者提出了三点要求：

·要求 1：正确认识自己，正确对待自己

有的中层执行力很差，工作做得不怎么样，却还自以为是，处处都要端着架子。他们从来不去想，如果海尔没有业绩，还谈什么个人地位？没有员工的努力，何来领导者的权力？

·要求 2：充分研究市场，研究竞争对手

有些中层根本不关注市场，也不去研究竞争对手，对外界的信息丝毫不敏感。在实际的竞争中，遇到了弱小的对手，就夜郎自大；遇到了强劲的对手，就望而生畏。这样的做法，会导致竞争能力越来越弱。

·要求 3：紧跟集团步调，执行战略规划

集团出台一个措施，可能会有不足之处。出现了问题，应当齐心协力解决，不允许以各种理由抵制而不去执行，更不能各自为政。集团是围绕整体利益开展工作的，是必须服从的

"大势"，只有谋好了"大势"，才能保全部门的"小势"。

张瑞敏还提出，海尔要迈向现代化企业，需要中层管理者在两方面领先：一是奉献精神，二是执行力。执行力的关键是要高出竞争对手，处于领先地位。这种领先尤其体现在观念上，它取决于领导者的素质。换而言之，中层管理者想要让整个团队都具有强大的执行力，不能光靠动动嘴，还要提高自身的执行能力，以身作则，当好"头雁"。

S是一家食品公司的质检部主任，在公司发展徘徊不前的处境下，他了解到问题出在产品质量上。明确问题之后，他决意执行改进计划。

不过，S没有选择直接给员工施压的方式，因为他清楚地知道，用这种紧锣密鼓的方式，除了给员工增加精神负担以外，没有任何益处，还可能会抵消产品质量改进后的一部分成果。S选择了温和的手法，先是请广告策划专家用轻松的方式给员工灌输产品质量意识，让他们从内心真正认识到产品质量的重要性，从而提升自觉意识。之后，他还采用了"走动式管理"，经常就产品质量问题和员工进行讨论，交换意见，收集了大量改进质量的设想和建议。

S的努力没有白费，公司上下形成了严格的质量意识，销售额也开始稳步上升。然而，到了年底，细心的员工发现了一个问题：此次出厂的一批罐头虽然深受市场欢迎，但它们在密封方面却存在问题，不符合公司对此环节的严格规定。面对这样的情况，到底该不该继续发货呢？员工不知如何抉择，就把问题上报给了S，让他来做决策。

S的回答让每个员工都感到意外，他说："照发不误。"之后的事情，就不用再说了，S的这一句话让他之前所有的努力都成了无用功。他要求严格控制产品质量，可如今自己却没有执行到位，违背原则做出决策，完全是自己打自己的脸。

其实，员工递上报告请示S时，他就应该意识到：下属这样做，就是在执行自己制定的标准，说明他们很重视产品质量。然而，S的回答却在告诉下属，之前提出的要求如同一张废纸，没有任何意义，随时都可以推翻。

试问：如此言行不一的领导，如何在员工面前树立威信？又如何让下属相信你的决策？正所谓，上行下效，你都言行不一，下属又何必苦苦遵守你制定的规则？很多时候，破坏执行的人并不是员工，而是领导者自己。

真正的执行力，不是一句空泛的口号，也不是单纯给下属传达命令，而是从中层自身开始，带头去执行，给下属和团队树立一个可效仿的典范。

没有执行的条件，创造条件也要执行

作家刘墉是一个心思细腻的人，特别在教育子女方面，有自己的心得体会和独特方法。

有一次，他让女儿浇花。女儿浇完后，他走近一看，说："你不会浇花。"

女儿很疑惑："我刚刚浇过花，为什么说我不会浇花？"

刘墉回应说："你看我浇的和你浇的有什么不同？"

女儿看了半天，也没有看出区别。刘墉引导女儿，说："你把花拔出来看看。"

女儿拔出来一看，才发现自己浇的花根部是干的，而刘墉浇的花，根部是湿润的。女儿这才明白，浇花不只是滋润它的枝叶，还要保证根部有水，自己只是浇了花的表面。

这则生活小故事，其实很有借鉴意义，它告诉我们一个道理：做任何事情，如果只讲过程，而忽略结果，都不可能有大的发展。企业靠什么生存？不是看你投入了多少资金、承接了多少项目，而是看你创造了什么价值，由此产生多少效益。换句话说，如果只看表面和过程，而没有结果，所做的一切基本上都要归零。

　　同样，一个优秀的中层管理者，必然是重视结果的管理者。他会让团队明白一点，没有成效的埋头苦干，就是无效的执行，业绩是要拿结果说话的。他们这样要求下属，也这样要求自己。有时，老板交代一项难度较大的任务，按照当时的情况来看，根本不具备执行条件，或者执行条件很差，但他们不会去找借口解释，而是选择接受，努力创造条件去完成任务。在他们看来，拿出一千种解释也抵不过一个好结果，因为老板要的就是结果。

　　二十年前，全球汽车市场陷入萧条中，日产尼桑公司也面临同样的困境。为此，公司特意花费重金聘请了卡洛斯·戈恩，他被誉为"营救大师"，尼桑希望由他来掌舵公司的运营，改善不利的局面。

　　戈恩一上任就宣布了自己的"180"计划，即在自己任期的四年内，全球销量增加100万台，公司利润率达到8%，净负债为0。这样的计划听起来雄心勃勃，可依照当时的经济环境来看，这更像是痴人说梦，根本就是不可能完成的任务。

　　现实的处境戈恩也很清楚，但他还是竭尽全力去做了。最终，他不但成功扭转了公司亏损的局面，实现了全方位的盈利，还让日产成为一家享有盛誉的国际公司。他的成功让所有人都看到，对结果抱有决心是多么重要。

　　一个普通的领导者和一个出色的领导者，最大的区别就在于：在结果面前，前者只是"想要"，得不到顶多是有些遗憾，觉得不会有太大损失，真做不到就放弃；后者却是怀着"一定要"的信念，有强大的决心，还有百折不挠的精神。不同的信念，不同的行为，自然就会产生不同的结果。

　　想成为不一样的中层，在接到任务的那一刻，有条件要去执行，没有条件创造条件也要执行。要知道，你能否交给上级一个满意的结果，直接关系到上级对你的评价，也关系到你自身的发展前途，更影响着下属对你的看法。在其位谋其职，唯有执行好公司的决策，完成好任务，才算是真正尽到了一个管理者的义务。

追求细节有多深入，执行力就有多好

有一个问题值得所有管理者深思：现代企业最缺乏的是什么？

也许有人会说，是完善的规章制度；也许还有人会说，是满腹经纶的出谋划策者。其实，这些回答都没有说到关键点上。现代企业最缺乏的是对规章制度不折不扣的执行者，以及对工作精益求精的自律者。

任何一个计划制订出来后，要完全彻底地执行好都不是一件轻松的事，这需要负责流程的中层具备超强的执行精神，把纸上谈兵化成实际战果。再完善的制度，再正确的决策，落实不到完美的执行上，落不到各个环节的细微处，都不可能发挥作用，甚至还有可能落得满盘皆输的下场。

贝聿铭是美籍华裔建筑师，他在 1983 年获得了普利兹克奖，被誉为"现代建筑的最后大师"，在业内有着极为崇高的地位。他认为建筑必须源于人们的住宅，他相信这绝不是过去的遗迹再现，而是告知现在的力量。

然而，这位大师对其平生期望甚高的一件作品却痛心疾首。

这件"失败的作品"就是北京香山宾馆，这也是贝聿铭第一次在祖国设计的作品。原本，他想通过建筑来表达孕育自己的文化：在他的设计中，对宾馆里里外外每条水流的流向、大小、弯曲程度都有精确的规划，对每块石头的重量、体积的选择以及什么样的石头叠放在何处等都有周详的安排；对宾馆中不同类型鲜花的数量、摆放位置，随季节、天气变化调整等都有明确的说明，可谓匠心独具。

贝聿铭说："香山饭店在我的设计生涯中占有重要的位置。我下的功夫比在国外设计有的建筑高出十倍。"他还说："从香山饭店的设计，我企图探索一条新的道路。"该设计还吸收了中国园林建筑的特点，对轴线、空间序列及庭园的处理都显示了建筑师贝聿铭良好的中国古典建筑修养。贝聿铭说，他要帮助中国建筑师寻找一条将来与现代相结合的道路。这栋建筑不要迂腐的宫殿和寺庙的红墙黄瓦，而要寻常人家的白墙灰瓦。

在香山的日子里，贝聿铭通常把理念传达给设计师后就去做别的工作，然后定时回来监督进度，再向客户报告。香山饭店是他个人对新中国的表达，因此他精心设计、悉心管理。

但是，工人们在建筑施工的时候对这些"细节"没有给予足够的重视，根本没有意识到正是这些"细节"方能体现出建筑大师的独到之处。他们随意改变水流的线路和大小，搬运石头时不分轻重，在不经意中"调整"了石头的重量甚至形状，石头的摆放位置也是变得随便。

看到自己的精心设计被弄成这个样子，贝聿铭痛心疾首。这座宾馆建成后，他一直没有去看过，他觉得这是自己一生中最大的败笔。

作为旁观者的我们，自然能够看出，香山宾馆建筑的失败不能归咎于贝聿铭，是执行中对细节的疏忽毁掉了这个完美的设计。这也再次证明，一个计划的成败，不仅仅取决于设计，更在于执行。执行不到位，就等于没执行，甚至还不如不执行。

很多人热衷于知名品牌，虽然这些品牌产品的价格比其他普通牌子的价格高出数倍，但依然受到大家追捧，为什么？我们看看那些知名品牌的做工和态度便知原因：POLO皮包始终坚持"一英寸之间一定缝满8针"的细致规格，这份近乎执拗的认真精神令人动容，也使得它在皮包行业一直是佼佼者；德国西门子公司曾经生产的2118手机，凭借着附加一个小小的F4彩壳，让自己跟当时红极一时的F4一样成为瞩目的焦点。

很明显，这些品牌的成功都是在那些不起眼的细节处抓住了消费者的心，并赢得了好口碑。倘若是偷工减料、敷衍糊弄、忽略细节，那么做出来的东西就会存在质量问题，轻松毁掉一个品牌。市面上的不少非知名品牌乍一看还不错，可内在的质量却不敢恭维。特别是在看不到的地方，就用次品和边角料来填充，或是简单糊弄一下，结果就应了那句话：金玉其外，败絮其中。

其实，做人和做品牌是一样的，要追求精雕细刻和品质，对于微小的细节也不能轻易放过，要把严谨、认真的态度贯彻到所做的每一个环节、每一件事情上。

你追求细节有多深入、多执着，执行力就有多好！

执行快一步，回报更丰厚

日本企业家盛田昭夫曾说："我们慢，不是因为我们不快，而是因为对手更快。如果你每天落后别人半步，一年后就是一百八十三步，十年后就是十万八千里。"

在快节奏的时代，无论个人还是组织想成为竞争的胜利者，就要跟时间赛跑，成为快速的执行者。作为团队的带头人，中层管理者提升执行效率，需要在以下几方面努力。

·处事坚决果断，杜绝犹犹豫豫

如果一个中层管理者，在处理问题和做决策时总是犹豫不决、优柔寡断，很容易给人一种懦弱无能的印象，让人感觉你内心惧怕很多东西，不敢承担责任。试问：有谁愿意尊敬并追随一位胆小怕事的领导？换作是你，恐怕也不会对这样的领导产生钦佩与敬畏。

关键时刻，一双双眼睛都在盯着你，等你做决定。这个时候，一定要拿出勇气来，展示出自己英明果断的一面，这对于日后形成自己在企业中的感召力、影响力都有助推作用。要知道，坚决果断、勇于当先，是执行力的一个重要因素。

· 保持求胜欲望，促使行动加速

每一个行为的背后都有动机，而动机往往跟欲望相关。当一个人有了强烈的求胜欲望，就会努力去寻找机会，并尽最大努力抓住机会。欲望越强，情绪越高涨，意志也越坚定。在这种欲望的促使下，人的潜能会得到发挥，行动速度也会加快。作为企业的中层管理者，要时刻保持求胜欲望，结合实际情况，给自己制订更高、更远的目标。

· 提高会议效率，避免繁冗拖沓

开会是中层管理者最重要的日常工作之一，会议的效率和价值直接影响着团队的执行力。遗憾的是，并非每一个中层管理者都懂得如何召开高效率的会议。

多数会议应把时间控制在一个半小时以内，如果超出了这个时间，会让与会者感到疲惫和繁冗，无法集中注意力，甚至对会议产生抵触心理。鉴于此，在开会之前，中层管理者应当把会议限定的时间、内容、流程告诉与会者，让参加会议的人精神绷紧，以认真的态度去对待会议。

会议的目的和内容要清晰，不能想到什么说什么，这样会浪费很多时间，也难有良好的效果。无论是现场会议还是电话会议，都应当遵循以下流程：

- ·深入仔细地探讨问题，即"what"（是什么）
- ·研究问题的原因，即"why"（为什么）
- ·提出可能的解决对策，即"how"（怎么办）
- ·选取可行的方案，即"which"（哪一种）

不是所有的会议，都必须中层管理者亲自主持，对于不太重要的会议，可指定助理或下属作为代理人参加。这样的话，能够帮助中层节省不少时间和精力。代理人做好详细的会议记录，事后向你汇报，这也是提升效率的一种方法。

·增强工作意愿，积极主动地做事

商业社会竞争激烈，甚至残酷。你不积极主动，就会落于人后，在这条百米跑道上，谁跑得更稳、更快，谁就是赢家。在相同的条件下，快一步海阔天空，慢一步万劫不复。作为中层也是一样，必须时刻保持一种主动意识，以高度的责任心充分发挥主观能动性，以更快的速度去解决问题，才能把握住更多的机会。

·保持学习能力，不断提升自己

未来的文盲不是不识字的人，而是不知道怎样学习的人。学习能力、思维能力、创新能力，是现代人才体系中的三大能力，其中最基本、最重要的就是学习能力。我们很难想象，一个不善学习、做事故步自封的中层能够具备强大的执行力。当他的能力和水平抵达某个上限时，不突破、不超越，思维方式就会落后，做事效率可能会倒退。

·善于分析判断，具备应变能力

中层管理者每天要接触的信息很多，因而必须具备分析判断能力，否则很难获取有效的信息。同时，信息也在时刻变化，是否具备应变能力，直接决定中层的执行效率。机会都是给有准备的人提供的，对于外在环境的形势变化，中层管理者要提前做出预测，并准备好应对各种变化的预案。只要这样，才能在变化来临时保持主动性，先人一步。

最后要说明的是，快与慢也得辩证来看，不能单纯地为了完成目标而不计后果，更不能为了抢速度而忽略质量标准。在保证做好的前提下，再追求效率，是每个中层管理者都该牢记的原则。

有奖有罚有压力，团队才有执行力

美国通用电气公司前 CEO 杰克·韦尔奇说过一句话："我力图确保在每一天的经营中，最有效的人得到最好的待遇；同时，我们必须观察那些绩效最差的人，并给予一定的处罚。"

碰到这样的上级，你会不会觉得是一种幸运？你付出了多少劳动，你创造了多少价值，他都能够给予你相应的回报；而那些敷衍了事、随意糊弄的人，也逃不过领导的眼睛，要么被罚，要么走人。跟着这样的领导做事，你不用担心"干好干坏一个样"，也不用为了"平均主义"而生出苦恼埋怨。你会由衷地相信，工作不仅是为领导、为企业，更是为自己。

中层管理者一定要学会在管理中对赏罚制度的运用。

你希望员工自主自发地工作，努力达成既定目标，就得把薪酬和绩效联系起来，让踏实肯干、出色优秀的人得到应得的回报，让浑水摸鱼、偷奸耍滑的人得到应有的惩罚，让两者的薪酬待遇拉开差距。如果奖罚不分明，负面的影响是很严重的。

在一家小型的炼油厂里，有个年轻的小伙子特别爱钻研，他将自己的实践经验和理论相结合，总结出了一套改进设备以提高出油率的先进方法。他兴致勃勃地把这个方案交给主管，希望能得到肯定和试用，但主管却表现得很淡漠，看都没看，直接给他泼了一盆冷水："我让你来是帮我做事的，没让你去琢磨这些东西。你这样做，就等于在耽误我的事，懂吗？"

小伙子带着方案走了，心里很沮丧。他想不明白，自己琢磨这些东西就是在为厂里着想，希望能提高效率，怎么还被骂了？他越想越生气，最后愤而离职，去了另一家炼油厂。他的方案在那里得到了上级和大领导的认可，虽然还有一些不足，但领导委派了专业人士和他一起商讨改进，这个方案最终帮炼油厂提升了出油的效率，让这家炼油厂在竞争中脱颖而出，日益壮大。

同样一个问题，经过不同管理者的处理，就有了不同的结局。按照常理来说，作为企业的中层管理者，自身就要具备创新意识，并要鼓励员工创新。当下属为技术革新做出成绩时，理应大加赞扬并予以奖励，而第一个主管却劈头盖脸地骂了下属一通。该奖的不奖，不该罚的乱罚，完全没有道理可言，用糊涂来形容这样的中层，一点也不为过。

奖罚是一种重要的管理手段，奖惩分明能够有效地促进工作的执行。如果无法做到奖罚分明，干脆就不奖不惩，奖罚不明引起的负面影响比不奖不罚大得多，甚至会让执行结果偏离初衷。除了利用奖惩方式以外，适当地给执行者施加压力，也是提高工作效率和团队执行力的一个重要方法。施压的方法有很多，这里推荐几种效果较好的方法：

·设置完成任务的最后期限

提起"拖延症"，大家都不陌生，甚至或多或少都被它困扰过。有些下属在执行任务时总是习惯性地拖延，导致进度缓慢。如果团队里有两三个这样的人员，整个部门的执行效果都会受影响。要解决这种问题，就需要中层管理者事先给执行者的工作设置"deadline"，即最后期限。具体的方法就是，预估执行者可以完成任务的时间，然后适当把这个时间提前一点，同时还要告诉执行者，如果超过最后期限会遭到什么样的惩罚。这样一来，执行者就有了紧迫感，不太敢懈怠，执行力也会得到提升。

·让每一个执行者都忙而有序

在有执行力的团队里，所有的员工都是忙而有序的。为此，中层管理者一定要给团队所有人员都布置合理的任务，并制定完成任务的具体指标，充分调动团队人员的积极性，使每个人忙碌起来，有压力感和紧张感。对完不成任务的员工，要采取相应的惩罚措施。否则，散漫的风气就会蔓延，团队的执行力必然提升不上去。

·引入团队内部的良性竞争

从心理角度来讲，每个人都希望自己被当成重要的人物，拥有比别人更优越的地位。在这种欲望的驱使下，人们才愿意成长和进步。特别是在有特定的竞争对象时，这种欲望会更强烈。

团队内部的员工之间少不了会存在竞争，但这种竞争可能是良性的，也可能是恶性的。中层管理者需要做的就是，遏制下属之间的恶性竞争，避免员工之间形成敌视态度。当所有人都把精力放在如何防范身边人时，就很难专注、团结地合作了。

为此，中层管理者要关注下属的心理变化，在组织内部采取措施，引入内部良性竞争机制，让员工之间形成"你追我赶""你好我好大家好"的竞争局面。这需要从实践和制度两方面入手，让大家积极思考如何提升执行力，如何掌握新技能，如何获得更好的成绩，如何收获更融洽的关系。当所有人心往一处想，劲往一处使，团队的执行力就会越来越高。

第 7 项 修 炼

洞察力修炼
——善识人才，慎用庸才，驱逐蠢材

不会识人的代价，就是反复用错人

我们经常会听到"领导艺术"这四个字，就一个管理者而言，无论他的领导艺术如何高明，其本质最终都要落实在用人上：用对人，开展工作得心应手；用错人，管理起来处处掣肘。作为中层，怎样才能保证尽可能地"用对人"呢？第一要点就是学会识人。

识人，相当于用人前的一道关卡。一个优秀的团队离不开有责任心、上进心、积极主动的成员，如果中层管理者从一开始就认错了人，所选的下属都是浮于表面、敷衍了事之人，后面的工作就会变得很被动，且后患无穷。

俗语说得好："知人知面不知心。"短时间内，要想觉察一个人的本性，绝非简单之事。但我们也知道："见一叶落而知岁之将暮。"足够细心的中层管理者，通常还是能够透过个人的细微举动来识人的。比如，《清史稿·曾国藩传》里提到，曾国藩在选吏择将时，先面试目测，审视对方的相貌、神态，同时还会留意对方的谈吐行藏，二者结合，判断人物的凶吉祸福和人品才智。

对于现代社会的中层管理者来说，曾国藩的识人方法有借鉴的意义，但不够全面。为了避免仅以表象识才的错误，建议借助以下几种方法，更深入地辨识人才。

·留意他的言行举止

心理学上有一个说法：一个人越是卖弄显摆什么，就表示他越欠缺什么。

有些人自身能力不算太强，内心很怕别人说自己没本事，于是逢人就炫耀自己的长处。这种人很喜欢发表"高见"，还总是说得头头是道。一旦你让他扛起大任，他的那些"高见"就成了空谈，根本无法实现。

当然，我们也不能完全确定，所有夸夸其谈的人都没有能力。一个人的本事高低，在言谈方面不太容易完全暴露出来，这个时候，观察他的行为就是一个可靠的办法。正所谓：是骡子是马拉出来遛遛，真有才能的人不怕检验，而滥竽充数的人，在要求他展示真本事的时候，往往会找理由和借口往后退。

·观察他与什么人为伍

无法短期内看清一个人，那就留意一下他经常跟什么样的人为伍，正所谓"物以类聚，人以群分"。没有真才实学的人，也许会故作高深，不露破绽，但他身边的人却难免会现出原形。有能力、有教养、有格局的人，自然愿意与层次高的人交往，他们不屑与那些品质低劣、做事不靠谱的人为伍。

·破除论资排辈的思想

有些中层管理者在思想方面，既保守又封闭，深受论资排辈观念的影响，只看重个人的名分、声望、社会地位，而不重视人的实际品行和能力。这样一来，就导致他们在识人时把徒有其表的资格和辈分看得特别重要，而不去关注员工实实在在的业绩，导致一些有真本事的年轻人处处被压制，而一些没做出什么成就的元老却备受重视，最终使得人才流失。

·不以学历和文凭取人

有些中层管理者特别看重学历，甚至以文凭取人，完全不考虑对方的才干。这样的用人理念对知人、识人都会造成负面的影响，就如日本管理学家占部都美说的那样："注重学历，只看毕业时间早晚的形式主义人事工作方法最省事，不需花费精力，但永远无法具备正确识别人才的能力。"

我们见过不少高才生，毕业院校赫赫有名，成绩也很出色，可到了工作实践中，动手能力很差，思维也很局限，丝毫没有创新意识。这样的员工，单看简历是很出彩的，可论能力来说，却实在不敢恭维。

· 不依靠主观喜恶看人

身为中层管理者一定要杜绝凭主观偏好看人的习惯，这是识人的一大障碍。

有的中层喜欢唯唯诺诺、善于逢迎的下属，因为有了他们的衬托，才会凸显自己的才能；有的中层只信任自己小圈子里的、与自己气味相投的人；有的中层喜欢用自己的一套模式来衡量下属……这种依靠个人喜恶、恩怨、亲疏择人的不良习惯，很大程度上会影响中层管理者对人才的识别力和判断力。

与此同时，依靠个人喜好来择人，也会让那些和自己有不同意见、有真材实料的人被拒之门外，导致真正有才能的人遭受冷落和埋没。所以说，领导看人，不能主观武断，还得全面衡量，要时刻反省自己，在对待下属的问题上是否存在偏见。

· 避免先入为主的思维

某工厂的车间主任听说部门新调来一位女工程师，他还没见过本人，就说了这么一句话："一个女同志，将来能挑什么大任？"言语之间，透露出了他内心有一个根深蒂固的偏见，那就是"女不如男"。

等到那个女工程师到任后，没过多久部门的很多男同志都对她竖起了大拇指。这位女同志丝毫不矫情，专业技术也很厉害，在解决实际问题方面超过了车间里不少的男工程师，且干活十分麻利，一点都不拖沓。这时，车间主任才意识到，当初自己说的那一番话是多么的狭隘。

·以发展变化的眼光看人

在评价一个员工时，要保持客观的态度，不能因其一句话说得好，一件事办得漂亮，就认定这个人各方面都好；也不能因其说了一句失误的话，办错了一件事，就对这个人进行全面的否定。要彻底了解一个人，得结合他的全部历史和全部工作；同时，还得用发展变化的眼光看人，过去好不代表现在依然优秀，过去出色不代表现在没有退步，用静止的观点看人，很容易偏颇。任何事物都在发展变化中，人也会变，中层管理者要做的就是，尽量让下属通过积极的努力，让坏的方面朝着好的方面转化，防止好的方面向坏的方面转化。

最后要补充的是，中层在识人看人时，不能单凭一己之见，这样会有很大的片面性。要结合下属长期的工作情况，也要依靠其他下属和团队的力量来鉴别，只有这样，才能对一个人有全面的、深入的了解，而不至于被某一方面的优劣所蒙蔽。

能解决问题，是选人的第一条件

曹雪芹在《临江仙·柳絮》里写过一句词："好风凭借力，送我上青天。"作为中层管理者，就算自身的专业能力再强，也不能事事都亲力亲为，要学会把有能力的人拉到自己身边，为己所用，共同成就事业。

从这个角度来说，如何选拔优秀的人才，就成了中层管理者的一项重要任务。人事决策不同于其他决策，它决定了组织的绩效状况，造成的后果持续时间长，也比较难以消除。因而，很多中层管理者都对此感到苦恼，一再提醒自己要谨慎，可还是会出现"看走眼"的情况。

不夸张地说，这也是管理中的常见问题。相关调查显示，管理者有关晋升和人事安排的决策，平均成功率不超过33%，也就是说至多有 1/3 的决策是正确的，另外 1/3 是没什么效果的，还有 1/3 是彻底失败的。我们都知道，管理者在人事方面的决策永远不可能是完美的，但不得不说的是，依然有一些管理者在这方面做得近乎完美。

在"珍珠港"事件发生时，美国军队里很多较年轻的军官都没有参加过战争，没有任何的实战经验，甚至都没有担任过重要的部队指挥官。可是，等到"二战"结束后，美国所拥有的出色军事将领的人数突飞猛进，超过了很多国家的军队。当时，美国陆军总参谋长乔治·马歇尔将军亲自选拔每一位军官，虽然不是每一位军官都取得了瞩目的成就，但几乎没有一个军官的任命是失败的。

商业领域也有这样的"奇迹"：斯隆掌管通用汽车公司四十余年，他在任职期间亲自为通用汽车公司挑选管理人才，上到高管，下到制造经理、工程经理等中层管理者，甚至是最小的零部件装配部门的总机械师，都受到斯隆的重视。在这期间，通用汽车公司的表现也确实可圈可点。依照现在的标准来看，斯隆选人用人的视野和价值观似乎有点偏狭，事实也的确是这样，他只关心通用汽车公司的经营表现。但不管怎么说，他在选拔人才、知人善用方面的决策能力是有目共睹的，给通用汽车公司带来的长期绩效也是值得赞誉的。

马歇尔和斯隆在性格上截然不同，但他们在人事决策的问题上都有一些共通性。管理大师彼得·德鲁克在《选拔人才的基本原则》和《管理前沿》中，指出选拔人才是有道可依的。在他看来，要做出有效的人事决策，需要遵守以下几条基本的原则：

·原则 1：对任命进行周详的考虑

对职务的描述一旦成立，可以很长时间都不再改变。

在第二次世界大战中，马歇尔在安排师长一职之前，总是要先观察并确定对于这个师长来说未来一年半到两年的时间里的工作性质是什么：组建并培训一个师是一种任务，率领一个师去作战是另一个任务，接受一个在战斗中严重减员的师并恢复其战斗力和士气，也是一种任务。因此，必须针对不同的任务来安排不同的人员。

以中层管理者来说，如果你要甄选一个新区域销售经理，就要事先了解这个职务的核心内容。为什么要招聘和培训新的销售人员？是目前的销售团队人员接近退休年龄，还是公司在该地区的现有市场做得很好，有必要开辟新的市场？还是公司想要打造新产品，树立市场形象？这些不同的任务，都需要不同类型的人员来承担。

·原则 2：考虑若干潜在的合适人选

这里有一个关键词——若干。符合正式资格的要求是考虑的最低限度，不具备这些资格的候选人自然就要被刷掉。与此同时，候选人的能力与该项任务必须相匹配。要做出有效的决策，管理者必须从 3 ~ 5 个符合要求的候选人中，挑选出最合适的人。

·原则 3：认真思考对候选人的考察要求

如果中层管理者认真研究过某项任务，他就能够了解一个新人要完成这项任务需要集中精力做哪些事。核心的问题不在于某个候选人有能力做什么、没能力做什么，而是每一个候选人有什么样的能力，这些能力是否适合这项任务。比如说，某个人很适合做技术方面的工作，而某一项任务最看重的是建立团队的能力，那么这个候选人就不太合适。

罗斯福和杜鲁门在甄选自己的内阁成员时，也都说过这样的话："不要在意个性上的缺点，先告诉我，他们每个人具备哪方面的能力。"正因为秉持这样的用人观念，这两位总统拥有了 20 世纪美国历史上最强有力的内阁。

·原则 4：和候选人以前的工作伙伴谈谈

中层管理者个人的判断不够全面、准确，因为每个人都会有第一印象、喜好、偏见，一个人的主观判断有时难免有失公允。理性的做法是，听听其他人的观点，特别是听听那些曾经和候选人共事过的人怎么说，这样有助于交换意见，更全面、更准确地了解候选人。

·原则 5：保证被任命者了解自己的工作

被任命者上岗三四个月后，应当把注意力放在工作的要求上，而不是以前任务的要求上。中层管理者有必要找被任命者谈话，告诉他们："你已经担任 ×× 职位三个月了，为了在新工作岗位上获得成功，你想想应该做哪些事。一周以后，用书面的形式告诉我。不过，我现在可以告诉你，你目前该做的事，肯定不是你之前做的那些让你得到这次晋升的事。"

如果中层管理者没有尽到帮助被任命者了解自己工作的义务，被任命者表现不佳时就要反省自己，采取措施尽到一个管理者的职责。可以说，导致任命失败的一个最重要的原因，就是上级没有彻底地考虑清楚新工作的要求是什么，也没有帮助下属彻底地弄清楚这一点。

一个有三项设计专利的员工被任命为工程经理，一年后却因未做出合格的业绩而遭到解雇。导致这个结局的原因就在于，该员工没有认识到自己的工作变了，相应的工作任务也要改变；而他的上级领导也没有在这方面给予他提醒和帮助，可以说这次任命失败二者都有责任。

不过，就算完全按照上述的原则行事，也不能保证所有的人事决策都不出现纰漏。德鲁克特意指出了两种失败的类型，需要中层管理者们注意。

·失败原因 1：被任命者不胜任职务

遇到这样的情况，中层管理者一定要承认"我犯了错，必须纠正这个错误"。具体的做法是，可以先将不合适的人选调回原来的工作岗位，任命另外的人来担任这个职位。及时纠正人事任免的失败，避免继续错误下去造成更大损失。

·失败原因 2：职位本身存在问题

如果一个职位连续让几个过去工作表现都不错的人都碰了壁，那中层管理者就要想一想，是不是这个职位本身有问题。如果确定是职位设置不合理，就不要再去苦苦寻觅高精尖的人才了，而是应该果断地调整这个职位。

总之，人事决策不能马虎，不思考这件事的管理者，不但会影响自己的工作表现，还会危害到整个组织的发展。

重用 ≠ 升职，帮员工找到合适的位置

提到"重用"这个词语，很多人第一时间想到的就是晋升，干得好就要被提拔，升职加薪是很自然的事。但这样的理念放在实际工作中，是否都能行得通呢？我们经常会看到这样的情况：一个员工做技术研究时表现得特别出色，可你把他晋升为管理者之后，不但发挥不出他的特长，管理方面也冒出一大堆的问题。

问题究竟出在哪儿呢？大家都玩过填字游戏，只有把每一个字都放在正确的位置，才不会出现重复或多余的情况。其实，把这个规则放在用人方面，也是适用的。

中层管理者在日常工作中肯定会对不同的员工有不同的印象，比如，××的性格是内敛的，××的工作态度很不错，××在技术方面有特长，××有很强大组织能力……这些印象，就如同填字游戏中给出的信息提示，中层管理者要根据这些提示，把员工安排到合适的岗位上，这样才能人尽其才。

从这个角度来说，重用不一定都以升职的形式来体现，也

不是员工想去什么岗位就安排他到什么岗位，更不是管理者主观认为员工能做什么就让他去做什么。在很多时候，管理者一开始给员工安排的工作，都可能会存在这样那样的不适，这就需要中层管理者及时洞察，适当地作出调整，帮助员工找到最适合他的位置，这才是最好的、最恰当的重用。

D在一家大型超市工作，最初的岗位是收银员，但他性格大大咧咧，还特别马虎，工作起来经常丢三落四，在钱的问题上也经常出岔子。偶尔少收顾客的钱，他得自己补上；偶尔多收顾客的钱，他就会被投诉。这样的情况屡屡发生，弄得D也很没有信心。

主管发现D的问题后，认真地分析了他的情况。他了解到，D虽然很粗心，但工作时充满热情，很擅长与人沟通。随后，主管就调D去做超市促销员。一周下来，D促销的产品销量有明显提升，主管表扬了他，这让D重拾信心，干劲十足。

同样的情况，摆在不同的中层管理者面前，处理方式也会有差异。有的主管发现收银员马马虎虎、粗心大意时，很可能就直接把他辞退。但是，D的主管没有盲目地解雇员工，而是认真分析了D的特点，给他调到了合适的岗位。对D来说，在屡屡犯错的情况下，主管给他调动岗位，让他重新找到了自身的价值，体会到了工作的乐趣。

当员工出现对现岗位不适应的情况时，辞退不是最好的办法。要认真分析出现不适应问题的原因，再进行适当的培训指导或岗位调整。如果员工在更换几次岗位后依然无法适应，这时候就可以考虑：他是不是真的不适合在公司发展？确定是员工的问题后再做出解雇的决定，相对比较理性，不至于因片面的问题而错失一个可能在其他方面做出优异成绩的人才。

当员工在现有岗位表现得很出色时，是否就该对他进行提升，来显示公司和管理者对他的重视呢？答案也是否定的。当员工在现岗位上工作得很突出时，不能盲目地晋升。你可以适当地对他做出公开的表扬，或给予一些物质上的奖励。而后，再通过一段时间的观察，对这个员工的能力进行实际调查，必要的时候给他安排一些有难度的任务，对其进行检验。

如果这个优秀的员工通过你的考核，表现出很强的胜任力，符合你的用人标准，你就可以根据公司情况对他进行一些工作或业务上的提升培训。在适当的时候，可以传授给他一些管理方面的经验。待时机成熟后，再提拔他做更高层次的工作。

为什么不能从一开始就直接对优秀员工晋升呢？原因在于，当你简单地用升职作为奖励手段的时候，你会发现每个下属变得优秀，都会变成升职的对象。最终的结果就是，升职丧失了原本的效用，而下属还会在私底下钩心斗角。

我们可以把团队比喻成一个运转良好的机器，团队中的成员是组成这台机器的零部件。如果其中有一两个零部件安装出现问题，整个机器都无法正常运转。只有各就各位的时候，机器才能高速运转，提高生产效率。中层管理者在这里扮演的角色，就是机器的组装者，必须要学会把员工正确地安排到合适的岗位上，才能保证团队的执行力。

　　帮助员工找到适合他的位置，不仅是对员工的一种重视，也会影响到其他的下属的工作激情。因为他们感受到上级很重视发掘下属的长处，自己身上的优点不会被埋没，自然有动力努力表现。中层管理者为员工找到合适的位置，就是在对团队进行正确的"组装"，把这个环节做好了，团队的业绩和发展自然会朝着好的方向走。

当"伯乐"重要，当"骑手"更难

　　每一个中层管理者都有求贤若渴之心，希望带领一群优秀的人才共同奋进。但现实中也不乏这样的情况：有些下属自身能力很出色，但跟随中层管理者两三年的时间，总有一种"英雄无用武之地"的失落感，最后甚至干不下去了，只好另谋高就。

　　出现这样的问题的原因，就是我们前面说的，没有把合适的人安排在合适的位置上。在这个竞争激烈的时代，能遇到"贤者"不易，但有了"贤者"之后，如何用"贤"，把他的能力最大限度地发挥出来，就要看管理者的本事了。要让有不同能力的人，去做适合他的事，充分利用他的长处。

　　在用人方面，管理者不能以员工的弱点为基础，而要以一个人能做什么为基础。所谓用人的艺术，就是要挖掘并利用下属的长处，提升组织的竞争力。每个人都有长处和弱点，领导者的任务就在于，想办法让弱点不发生作用，让长处变成发挥个人价值的切入口。

道理简单易懂，也是老生常谈的话题。那么，该怎样才能真正做好"用人之长"呢？

·step1：找准人才的长处

找准人才的长处，是用人之长的前提。在找人才的长处之前，中层管理者需要明确一个问题：何谓"长"？我们所说的"长"，是指能为组织所利用的，能为组织带来最大的经济效益，以及与众不同的特点，可以是知识，也可以是技能，甚至是行事作风。

华东有一家小企业，在进行管理改革时，副总提拔了一位女工做主管，让一位产品部的文员做经理。起初，大家还质疑副总的用人决策，认为他是在"胡闹"。可是，三个月之后，异议全都消除了。两位管理者配合得很默契，只用了三个月的时间，物料到厂变得很准时，产品交期也变得准时了，企业发生了可喜的变化。

最高兴的人莫过于老板，他从烦琐的签字、审批、协调等低效的事务中解脱出来了，能够专心地开拓市场、开发新品，企业的人均产出提高了30%。说起这两位下属，身上的缺点也是一大堆，不合群、没有大学文凭，等等，但是她们也有突出的优点，那就是有主见、有经验、有魄力。副总最初看中的就是她们的这些特质。

这也提醒中层管理者，在发现员工的长处时，不能受个人喜好和偏见的影响，胸襟一定要开阔，要从企业的利益出发。同时，还要灵活地运用科学方法，比如：研究个人简历、笔试、面试、心理测试、情景模拟、评价中心等。

· step2：强化人才的长处

找到了人才的长处，还要强化它，让它充分发挥效用。具体的做法我们前面也讲过，就是把人才放到合适的位置，提供一个能够让他发挥特点的平台，让他在实际的工作中不断锻炼、不断使用这一特点，从而强化员工的长处。

除了人要适岗，中层管理者还要考虑到，岗位是否能够促进、强化人才的长处。另外，还要适时地开展有针对性、个性化的培训，以突出长处为主，弥补短板为辅。

· step3：优化人才的长处

优化人才的长处，就是要实现人才的最优化。以团队来说，优化配置就是取各个员工的长处，融合在一起，发挥所长，相互促进。就像我们前面所讲，当一台机器上所有的零部件都是最优的，并能实现高效运转，那么这台机器的生产效率也必然是很高的。

处理 "问题员工"，不能一辞了之

从业务精英转变为中层管理者，少不了遭遇诸多挑战，其中有一项重大的挑战就是员工管理。面对风格各异的不同类型员工，有些中层管理者真的是束手无策，找不到一条清晰的路。结果，要么把职位权力当成 "紧箍咒"，用其约束员工；要么放任自流，把问题下属直接辞退，或者自己主动让贤。

在谈论如何改变这种情况之前，我们先要澄清一个事实：到底什么是 "问题员工"？一个员工的绩效不好，是否意味着他是个 "问题员工"？其实，这样的评判是很武断的。作为管理者，不能只看到员工的绩效结果，也得看员工为达到这个绩效结果做了什么，即结果固然重要，但过程也不能够忽视。

真正的 "问题员工"，应当是在企业既有的文化和规范下，在行事上显得格格不入，并影响到个人或团队的工作结果、工作氛围，甚至破坏团队的凝聚力，特别是如果不做处理，还会对团队造成弥漫性损伤的那种员工。

遇到这样的问题员工，多数中层管理者想到的办法就是，直接将其解雇，换其他人顶替。辞退很简单，办个手续就行了，但如果下一个员工又存在其他问题，还要继续解雇吗？频繁的人员流动，对组织而言并不是一件好事。

相比辞退问题员工，管理者更要学习的是如何与问题员工相处，管好他们、用好他们，这是职责所在，也是成长为优秀管理者必须要跨越的一个挑战。

问题员工的产生原因很复杂，管理者不能只盯着员工找问题，把所有责任都推到员工身上。一定要先自省，从企业和自身出发找原因，看是否哪里做得不好，导致员工出现问题。真有问题的话，要尽快调整改进；若不是自身的问题，再结合员工的实际情况，考虑如何与类似的问题员工共处，争取把他们转变成合格的、优秀的员工。

对于不同类型的问题员工，应对的方法也不一样。下面，我们就常见的几种问题员工，在处理方法上做一个概括性的说明。

第一种：空想型的问题员工

所谓空想，就是脑子里想的和现实是脱节的，明明知道为什么要这样做，为什么不能那样做，但不考虑该怎样动手去做，不考虑具体步骤等务实的问题。他们开口就是各种深奥的理论，可基本技能却不敢令人恭维。对这样的问题员工，管理者可以采取一些措施，让他们学会以下几件事：

·学会自我反思

中层管理者要帮助空想型员工认清自己的问题，学会从实际出发看待工作。经常让他们自问："这是我的表现吗？我喜欢这样吗？我能做得更好吗？"

·学会不抱怨

身为领导，要让他们明白，你让他做的工作是为了锻炼他，而不是刻意针对他、压制他，不要把失败的原因全都归咎于环境，怨天尤人，要让他们看到自己能力的不足和心态的缺失。

·树立正确的工作观

中层管理者可以交给他们一些简单的工作，要求他们展现出应有的水平。这种类型的员工语言表达能力不错，但行动力较差。所以，管理者要帮他们学会通过长时间积累来做出自己的贡献，不要用短视的态度看待工作，业绩是靠方法、努力和耐心换来的。

此外，还要让空想型的员工明白，只有理想是不行的，虽然行动不一定能带来理想的结果，但不去做就只会停在原点。不要被所谓的理想束缚住手脚，重视工作中的每一件小事，认真去做好，即是改变的开始。

第二种：享乐型的问题员工

享乐型的员工属于乐天派，有自私自利的倾向，认为活着就要及时享乐。他们做事的效率很高，表达清晰，富有幽默感；但他们说话又太过直接，甚至信口开河、随意承诺，说完就忘，显得比较虚浮。另外，他们过于自我，总是在情绪支配下做事，要周围的人都配合他。

这样的下属对公司的规则和工作进度不太上心，永远不会在别人预期的时间、地点出现，经常会影响整个团队的运作。他们做事不考虑后果，经常会造成一些自己也想象不到的严重后果。对这样的员工，管理者可采用下列的几种方法来处理：

·创造活跃的团队氛围

享乐型员工害怕过于严肃的工作氛围，喜欢自由地支配自己的工作。中层管理者应当让他们感受到活泼放松的氛围，让他们轻松地与同事分享工作中的趣事。过于严格的规章制度，会打击他们的积极性和创造性。美国杂志《顶尖企业》曾声称，每个员工都是自主的，应该将他们的职业看成是独立的，而每个员工都是独一无二的。

·进行换位训练

中层管理者可以在适当的时候创造一个特殊的环境，让那些平时懒得帮助他人的员工感受一下无人协助的心情。当他们对帮助的渴望达到顶点时，再让团队给予帮助，让他感受到获得帮助的美好。当享乐型的自私自利的员工主动做出了利他行为时，要及时给予鼓励和表扬，强化这种行为，在团队中形成互助、合作的好氛围。

第三种：被动型的问题员工

被动型的问题员工为人比较和气，容易看到他人的优点，且认同他人的意见和感受，有很强的包容性，很少直接拒绝他人的要求，更不会因为要坚持己见与人争执。如果对方立场坚定，他们宁肯选择妥协。所以，在遇到冲突时，他们很难妥善地处理，只会选择消极退避。面对这样的员工，中层管理者要帮助他们变消极为积极，变被动为主动，实现自我完善。

· 为他们提供成功的机会

消极被动的员工，对一切事物都容易采取无所谓的态度。如果中层管理者能够适时地为他们提供成功的机会，比如把一些简单的、容易成功的任务交付给他们，让他们体验到成功的喜悦，以及自身的价值感，渐渐地，他们就会变得主动，工作热情也会日益高涨。虽说有些人天生消极、悲观，但主动、乐观也可以在后天培养出来。作为管理者，你要做的就是帮助他们树立成功的信心。

· 告诉他们你的判断

当被动的员工以为自己身处不利的环境中时，你要根据自己的判断，清楚地告诉他们你的看法。如果你认为他们的工作进展得很顺利，就要让他们知道自己做得不错。如果工作进行得不太顺利，也要直接告诉他们，某些做法是错的。

如果他们所处的不利环境中有客观因素，那你也要指出来，并尽可能地帮他们辨别问题，对这些问题进行细致的、具体的利弊分析。这样能够引导被动消极的员工做出更好的情感反应，而不是本能反应；同时，也能够用乐观的态度和方法，帮助他们消除悲观情绪。

第四种：冲动型的问题员工

冲动型的员工做事果断而有力量，喜欢表现自己刚强的一面，有强大的抗压能力，面对问题敢于承担。但是，这类型的员工也很让中层管理者头疼，因为他们总是顶撞管理者，很难忍受自己受命于人的事实。当然，这种顶撞也不都是为了"对着干"，也可能是提建议的另一种表现方式，纯属情绪的无理发泄。很多团队中的"刺儿头"，就是这类型的员工。

对于这种鲁莽冲动的问题员工，建议中层管理者从以下几方面进行引导：

·帮助他们正确地认识自己

中层管理者不妨在冲动型员工面前，将他们与其他员工进行比较，在此基础上，对他们给出公正的评价。在比较时，要从他们的知识、技能、心态、能力等多方面进行综合的、客观的比较，坦诚地分析他们的优缺点。

·培养务实的精神和缜密的思维

冲动型的员工有魄力、有闯劲、有竞争意识，但做事仅有勇气和热情是不行的，还得有务实的精神和缜密的思维。中层管理者要在这方面对冲动型员工加以引导，让他们静下心来做事，特别是要在细节处多提醒，让他们能够周全地、细致地思考问题。

第五种：好胜型的问题员工

好胜型员工有强烈的野心，他们总是精力充沛，也是彻底的实践家。当一项任务摆在他们面前，他们会不惜一切代价争取胜利。这类员工喜欢在人前表现自己，总想让别人看到自己最优秀的一面，也是人际交往中的主动者。

对这样的员工，有些中层管理者为了顾全大局会在某些方面做出让步。这体现的是管理上的艺术，但有些好胜型的员工对上级的退让并不领情，表现得很不屑，反而变本加厉，不尊重领导。碰到这样的情况，就不能再一味地迁就，而是要在适当的时候，以适当的方式挫一挫他们的傲气。不过，在这个过程中，以下几个要点是需要中层管理者注意的：

·切忌轻易动怒

当争强好胜的员工不断出问题时，有些管理者会按捺不住脾气大发雷霆。实际上，这种方式对好胜型员工并没有太大作用，反而还会适得其反。他们很爱面子，你让他在众人面前威风扫地，单刀直入地批评，会招致他们的反感和抵触。正确的处理方式是，在没有第三者在场的情况下，一对一地单独谈，倾听他们的陈述，然后再提出自己的建议。

·分析真实用意

很多时候，员工在怀才不遇时才会表现得争强好胜，急于表现自己的才能。如果真是这样，中层管理者就要为他们创造实现自我的条件，分析他们具体的才能，为其安排一些重要的任务，让他们感觉到有一点点压力。你要相信，好胜型的员工只是想表现得更好，因而才闹出各种问题。他们的内心很渴望得到别人的肯定与认同，所以你要选择恰当的时机，让他们知道自己的长处和优势，表达出想帮他们达成目标的意愿。

·敢于承认不足

中层管理者要坚信，有些好胜型的员工的确有高明之处，但你在他们面前不必自卑，因为你也有自己的长处。不过，在自信的同时，还得有敢于承认自己不足的勇气，在必要的时候进行改正和完善。这样的话，好胜型的员工就很难找到针对你的理由。

第六种：孤僻型的问题员工

孤僻型的员工富有创造力，对周围环境极度敏感，有自己的个人喜好，不会轻易妥协。在管理孤僻型的员工时，中层管理者一定要讲究技巧。

·杜绝先入为主

孤僻型员工比较自我，内心世界丰富，对人极度敏感，能够清楚地识别虚伪和真诚。只要你真诚地与他们相处，他们不会拒人于千里之外。怕就怕，有的中层管理者先入为主，认为这样的员工不好相处，经常受这种心理暗示的影响，对孤僻型员工产生偏见。

·不必过分热情

孤僻型员工喜欢自己的生活方式，不愿被打扰。有些中层管理者为了得到此类员工的支持，会装出热情的样子去接近他们。实际上，这种做法是费力不讨好的，他们会认为你很虚伪，从而更加疏远你。平时，只要跟他们保持正常的工作接触即可，除非他们真的遇到了自己无法解决的问题，否则不必过分显露热情。

·批评不可太直接

孤僻型员工心思敏捷，自尊心很强，中层管理者在批评他们时尽量采用言浅意深的方式，让他们通过思考从中领悟到批评的信息，并进行改正。通常来说，无声的斥责和点到为止的方式对他们更为有效。

·肯定他们的成绩

孤僻型员工很在意别人对自己的评价，特别是管理者的意见。中层管理者不妨多给他们一些正面的肯定，增强他们的自信，提升他们应对问题的勇气。

高精尖人才太多有时也是麻烦

任何一个管理者都希望拥有优秀的人才，不太愿意用那些在品德、技能、态度方面相对存在劣势的人，认为这些人可能做事较慢、领悟能力差，在团队中会成为累赘。可在这里，我们还是要强调前面提到的那个观点，把他们放在适当的岗位上，原本不起眼的人也可以成为企业的财富。

我们知道，每个企业都会有不同的工作，安排自身条件相对差的人去做一些基层的工作，他们会觉得以自己的条件能有这样的工作非常满足，会全力以赴地做好，能创造出很高的工作效率，且不会产生自卑感和沮丧感，更不会觉得大材小用。因为多数人都有"自知之明"，会根据自身的情况设置相对的期望值。比如，在建筑行业内就有大量的农民工，这些工人干的活很累，收入也不算特别高，但他们干得很卖力，因为自身条件不够好，在老家可能连这样的工作机会都没有，现在有机会能靠自己的劳动赚钱，他们会觉得很满足，愿意把工作完成好。

从现实层面来说，如果一个组织或团队全都是高精尖人才，这样的人才结构未必是最好的。比如，你的部门需要一位文档录入人员，每天向电脑里录入各种数据来做市场分析，你把这份工作交给一位名牌大学毕业的软件工程师，不出两个月，他就会感到工作单调乏味，丧失动力。如果你把这份工作交给一个只有中专学历的女孩，她可能会很热爱这份工作，且认为能够在大公司里谋求到一个职位，是一件很有成就感的事。

企业离不开高精尖的人才，但是雇用太多的高级技术型和管理型人员，对中层和组织都是不利的。大材小用、小材大用，都敌不过适才专用。

松下幸之助从1918年开始经商，当时他的公司规模很小，但幸运的是找到了适合的人才。按照当时的规模，在知名学校排名前三的优秀毕业生不可能到松下电器来。即便他们愿意来，松下也会困扰，因为没有合适的工作给他们。

到松下店里工作的人大都来自普通的、不太知名的小学校。当时，松下就算想找中学毕业的人才都得费一番功夫。到了1927年，松下开始找寻专门学校的人才。换句话说，经过9年的时间，松下才第一次雇用两名专科毕业生。松下觉得，企业雇用的人才一定要适合工作的需求，这样才能把生意做起来。后来，松下公司所属的任何一家分公司或事业部，在找寻人才时都以符合自己的立场和经营状态为标准。

中层管理者应当领悟到，团队全部都雇用高精尖的人才不一定是好事，有时还可能会带来麻烦。当多数员工都开始抱怨，工作太单调无聊、太没有挑战性时，团队的凝聚力、创造力、生产力都会下降。如果根据岗位的需求，聘用适合的人才，当所有人都满意自己担任的职务和工作环境，自然都会认真地投入其中。所以，全用最高端的人，不如全用最合适的人。

第 8 项 修 炼

驱动力修炼
——给团队向上的力量

激励——让羊群进化成狼群

某集团把 X 先生安排到分公司的设计部工作，这个部门主要负责厂内机器设备的维修与安装。在此之前，X 先生已经换过好几个地方，但人际关系不太好，领导和周围的同事都觉得他是一个"问题员工"，不太好相处。

在 X 先生入职前，部门主管调查了他的过往经历，得到的信息如下：10 年前高中毕业，曾是一名技术娴熟的机械工，精通机械且具备创新力，曾得到公司董事长的嘉奖。但有一次，他被调到邻近的一家分公司，由于这个分公司使用的是新型的机器设备，X 先生过往的经验不能全部派上用场，等于要重新学习。虽然 X 先生很努力地去了解这些新机器，但他的工作业绩还是和其他员工有一定差距。为此，他还遭到了主管的严厉批评，说不想好好工作就回家算了。

X 先生不是对工作没有热情，他只是需要一些时间来学习和适应。对他来说，自己的认真没有被看到，还被误认为是在混日子。从这个时候开始，X 先生就陷入了低迷中。不久后，他被调到其他公司，但情绪还是很低落，经常跟同事发生争执。就这样，他接连调了好几个地方，被当作皮球一样踢来踢去。

新主管得知事情的原委后，特意在入职前与 X 先生进行了一次长谈。在沟通的过程中，他有意无意地让 X 先生联想起得到董事长嘉奖的经历，而 X 先生在谈到这段往事时很是骄傲。就这样，X 先生找回了以往的工作热情，开始加紧学习和适应。很快，他就在设计部找到了自己的价值感，也得到了主管和同事的认可。

美国知名的企业管理顾问史密斯曾说："一名员工有细微的好表现，若能得到领导的认可，对他来说就是一种莫大的激励。"从 X 先生身上，我们验证了这番话，同时也看到了，优秀的中层管理者都是一流的激励大师。

面对情绪低迷、工作状态不佳的员工时，一味地给他们施加压力，只会适得其反。因为每个人都有自己的尊严，都渴望被看得起，哪怕是在自己犯了错误、业绩不理想的情况下，仍然希望能得到他人的尊重和鼓励。

贝特富德是帮助老洛克菲勒创建标准石油公司的元老，在一次经营活动中，他由于急功近利导致投资失败。这件事发生后，贝特富德的心情很糟糕，一直不停地自责。令他没想到的是，洛克菲勒不但没有责备他，还对他的失败进行了一番赞赏。

贝特富德回忆起这段经历时，这样说道——

那一天下午，我正在路上走着，看到洛克菲勒先生就在我身后的不远处。但我不想停下来，也不想回头。说句实话，我实在不愿意向他描述这次我在南美投资失败的经过。可是他叫住了我，我没办法，只好停了下来。

没想到，洛克菲勒先生走过来后，很友好地拍了一下我的背，说："你干得好极了，我的老伙伴！我刚刚听说了你在南美的事情。"我心想，他肯定是在嘲讽我，接下来，他一定还会责怪我。于是，我决定还是自己主动来说："这实在是一次惨败，简直糟透了！"我沮丧地说，"虽然我们后来尽力去补救，但还是只收回了 60% 的投资。"

洛克菲勒说："就是因为这一点，我才觉得你做得很棒。"他神情十分真挚地说，"我原本以为会血本无归的，亏得你处置果断又及时，才出乎意料地替我们保住了这么多的投资。贝特富德，你干得这么出色，真是难得啊！"他就是这样鼓舞我的，这是我一生中得到的最好的安慰——它不但让我的精神重新振作起来，还大大地增强了我的自信心。

上述的这则案例，不禁让人联想到玫琳凯公司创始人说过的一段话："如果你以诚待人，激励下属，他们的工作效率会更高，那么利益就接踵而来。同样，如果你对职员滥用职权，他们的工作能力和积极性就发挥不出来。这种副作用直接带到工作中，蒙受损失的是你的公司。"

　　作为管理者，想把自己的工作做好，想让下属在你需要时甘心效力，就需要给予下属一定的关爱，特别是在他们碰到特殊困难时，此时的援手和关心就是雪中送炭。这时候，鼓励和帮扶是对下属最好的慰藉和激励，他们会产生刻骨铭心的感激之情，时刻想要在工作中用实际行动来回报你。

不要让激励的误区影响你

马斯洛的需求层次理论，想必大家都不陌生。这套理论认为，人有生理、安全、社交、尊重、自我实现五个层次的需求，只有当低层次的需求被满足后，高层次的需求才会成为主导需求，且人们对各层次的需求强度都不一样。

所谓激励，就是要满足员工的个性需要，引导其朝着更高层次的需求发展，调动其内在的积极性和主动性，自发地去完成既定目标。激励的效用毋庸置疑，但有些中层管理者对激励的认识过于片面，甚至存在一些误解。为了让激励更好地发挥效果，我们在此着重谈一谈激励的误区，避免中层管理者在工作的过程中走弯路。

误区1：把激励完全等同于金钱

现代社会，钱财是不可或缺的生活资本，但绝不意味着它能代表一切。人们除了有对金钱等物质方面的需求以外，还有很多精神层面的需求，如亲情、友情、爱情。所以，管理者在激励员工时，一定要避免"以钱为本"的误区，要充分地认识到"人"的价值和本质，只有"以人为本"地调动员工的积极性和创造性，才是正确而长久的选择。

曾有一家企业濒临破产，企业领导也想不出什么办法，为解决这个问题企业就选聘了L到厂里担任厂长，希望他能带领企业走出困境。L上任后，开始精简机构，让员工自己推举各层领导干部，并且重用推选的人才，有效地激发了员工的热情和积极性。

之后，L又在厂内的宣传栏刊登各种信息，让大家了解企业现状和市场情况，要求员工对企业未来的发展和目前的工作提出意见和建议。仅仅半年后，这家企业就走出了破产的边缘。为了让企业进一步发展，L还很注重人才的横向调动，允许员工毛遂自荐。最终，这个企业重新发展起来，部分产品还走出了国门。

L的管理之所以见效，很大一部分原因是他懂得以"人"为出发点，正确激励人才，把员工们的心都凝聚在一起，形成了一股拉动企业发展的巨大力量。

误区2：认为激励只有奖励

不少中层管理者会简单地认为激励就是奖励，因此在制定激励制度时，考虑的都是正面的奖励手段，而没有加入一些约束和惩罚措施；或者是虽有惩罚措施，但在具体执行时这些措施流于表面，没有发挥出预期的效用。

事实上，惩罚和奖励一样，都是激励的基本措施，也是相辅相成的。员工有进步就要奖励，这是一种正向的激励，能够提升员工的积极性。当员工犯了错误时，也同样要处罚，这是为了约束和纠正员工的不当行为，让他们汲取教训。

·误区3：激励方式千篇一律

有些中层管理者在实施激励措施时，习惯采用"一刀切"的方式，也就是对所有员工都给予同样的激励，没有认真分析员工的不同需求。

Z在一家科研单位上班，每完成一个项目，领导就会给所有的科研人员发奖金，并进行集体表扬。经过三年的努力，Z取得了一项重要的科研成果，也受到了领导的肯定和表扬。但是，领导并没有对这项成功的科研成果给予足够重视。Z心情很郁闷，思前想后，最终还是选择了辞职。他要的是对事业的成就感，而不是单纯的奖金和表扬。

对待不同的个体，激励的手段也要有所区别，这个时候"一视同仁"是不可取的。只有根据每个员工的不同发展时期、不同的性格特点，采取恰当的激励措施，才能真正带给员工想要的价值感和成就感，使他们有动力乐于工作。

·误区4：忽略评估体系

有效的激励制度并不是孤立存在的，还需要配套的相关制度，尤其是评估体系。很多企业都有过类似的困惑：在建立起激励制度以后，员工没有受到激励，工作积极性甚至还下降了，比如"年终奖"的计划，因为太过"平均主义"，让那些贡献大的员工心生不满。

之所以出现这样的问题，是因为只有激励制度，没有相匹配的评估制度，形成了负面效果，抑制了员工的积极性。中层管理者在这方面一定要注意，有了激励制度后，还要针对每个岗位的职责、义务、奖惩作出明确的规定，特别是在责任划分和界定这一部分，更要慎重和细致。建立有效可行的评估制度，一切信息都公开，员工也能够进行自我评估和监督，这样可以促进激励制度发挥作用。

·误区5：期望值不合理

对员工的合理期望能让员工在工作中充满激情，并产生满足感。这种满足感又会促使他们自我加压，最终转化为工作的动力。可如果期望值的设置超过了员工的能力，就会给员工带来莫大的压力，让其背负沉重的心理负担。在过度的压力之下，员工会觉得不堪重负，从而降低工作的积极性，甚至把工作视为痛苦的来源。

确立清晰的目标，激励团队去完成

亚里士多德曾说："想要成功，首先要有一个明确的、现实的目标———一个奋斗的目标。"

为什么要有明确的目标呢？刘易斯·卡罗尔在《爱丽丝漫游奇境记》里写道：

"请你告诉我，我该走哪条路？"爱丽丝问。

"那要看你想去哪里？"猫说。

"去哪儿无所谓。"爱丽丝说。

"那么走哪条路也就无所谓了。"猫说。

目标是激发和满足人需求的外在事物，也是中层管理者实施目标管理的重要手段。为下属设置适当的目标，能够激发他们的动机，调动工作积极性。这个目标可以是外在的实体对象，也可以是内在的精神对象。每个人都有自尊心，都有被尊重的欲望，运用这种心理，能够有效地实施目标激励，让下属在工作中完全展示出自己的价值。

　　海尔集团早年就是一个亏损严重的集体所有制小厂，现如今发展成世界知名品牌，跟海尔人有明确的目标密不可分。在海尔人心目中，一切都以目标为首，但凡阻碍目标实现的都不做，但凡有利于目标实现的都可以尝试。

　　在创业初期，海尔人就提出：有缺陷的产品就是废品，且把这个目标作为整个工厂和所有员工的目标。实际上，这就是一个共同愿景，这样的目标明确地表达了海尔的方向。当时，市场关系是产品供不应求，没有人提出这样的目标，所有的产品都要排队购买，何须做到极致呢？但是，海尔想做世界一流的产品，必须要保证产品的质量。带着这样的目标，海尔在1988年获得了中国冰箱史上第一块金牌。

　　随着冰箱市场的不断发展，许多企业的产品开始滞销，因为当时的供求已经达到平衡，产品的质量就成了竞争的关键。在这样的情况下，许多企业开始抓产品质量，而此时的海尔却提出了一个新目标：把狭义的质量提升为广义的质量，从产品质量提升到服务质量。毕竟，从生产线下来的产品再怎么好，也不是完整的质量，还得把产品的质量延伸到用户家里。

　　提出这样的目标，是因为发生了这样一件事：青岛市的一位老太太买了一台海尔空调，让一辆出租车拉回家。到家之后，老太太上楼找人，结果空调被出租车拉走了。海尔得知后，赔偿给了老人一台新空调，因为海尔认为这是自己的责任，是他们没有把服务做到位。

此后，海尔就推出了星级服务，在全国建了几十个电话服务中心。在后来的多元化过程中，这个服务平台发挥了重要作用。当其他企业也意识到要重视服务，并效仿海尔的做法时，海尔再次进行提升，提出了全新的目标：永远满足用户的需求，永远使用户满意，提出为用户创造需求，满足用户潜在的需求。

与此同时，海尔还树立了这样的理念——只有淡季的思想，没有淡季的市场。以洗衣机为例，它的销售淡季通常是夏季，海尔集团当时提出这个淡季是不应该存在的，因为用户在这个季节也需要洗衣服，只是没有适合这个季节使用的洗衣机。于是，海尔就创造出了"小小神童"产品，这款小型的洗衣机刚好满足了夏季每天洗衣量少的问题，不但解决了淡季没有产品卖的问题，还让这款经过了十几代改进的产品远销海外。

中层管理者应当从海尔集团的成功案例中得到启发，企业就是一个大型的团队，要激励团队发挥出生产力，目标必不可少。通常来说，企业目标的价值越大，社会意义就越大，也就越能激励人心。到了中层管理者这里，就要为你的部门和团队，依据企业大的战略目标设置正确、恰当的部门总目标，以及若干阶段性目标。

设置总目标的意义在于，让下属知道该往哪儿走，但达成这个大目标是一个长期的、复杂的、曲折的过程，因此还要据此设置若干恰当的阶段性目标，采取"大目标，小步走"的方式，逐级地实现目标。

要让目标发挥出激励的作用，中层管理者必须要清楚，设置的目标是不是正确的。如果目标从一开始就错了、偏了，再怎么走也是错的。因此，中层管理者在设置目标之前，一定要先衡量这个目标是否符合以下三个标准。

·标准一：目标明确且具体

确立目标，要有明确而具体的标准，以及确切的时间。这样的目标才能让执行者有的放矢，不但能给个人提供满足感，还有切实可行的现实感，从而激发实现目标的内在动力。如果目标是模糊的，摸不着、看不到，员工的工作就如同在黑暗中盲目射击，可能做出了不少努力，但这些力量都是分散的，难以见成效。

·标准二：目标有相当的挑战性

中层管理者给下属确立的目标，应当是经过努力可以实现的。目标的难度，以"踮起脚尖够得着"为标准。目标太低了，不用费劲就能达到，难以带给下属荣誉感和满足感，也会丧失激励的作用。

·标准三：目标里融入个体期待

一个恰当的组织目标，不能只包含组织的期待，还要与个人的目标相结合。因此，中层管理者要掌握下属对工作的期待，并将这些期待化为具体目标，融入组织目标中，将两者融为一体。这样的话，大家就会觉得，努力工作不只是为达成企业目标，也是为了自我实现；帮助企业达成大目标，就等于在实现个人价值。

最廉价而简单的激励方法是赞美

戴尔·卡耐基说过："人类行为中有一条非常重要的法则，如果我们遵从这个规律，就可以永远地甩掉麻烦；如果违背它，就可能四处碰壁。这个法则就是——真诚地认可别人，欣赏别人。因为，人类本性中最深的渴望，就是被别人欣赏。"

作为中层管理者，你肯定希望得到上级的肯定；作为你的下属，他们也同样希望得到你这个上级的欣赏。如果上级经常称赞你工作做得不错，而你却没有对下属说过一次"你很棒"，那么对不起，你不是称职的中层管理者。一个吝啬把赞美送给下属的管理者，虚伪的高姿态最终会把他压垮，成为组织里的"夹心饼干"。

有一份针对120家企业、涉及1万名员工的调查，结果显示：现代企业最明显的矛盾，主要集中在中层管理人员对员工的激励层面上，超过50%的部门负责人不懂得表扬下属，让员工产生了很大的不满。从某个角度来说，这份调查显示出，许多中层管理者只会在上级面前夸奖自己，而不懂得把赞美送给自己的下属。

玫琳凯·艾施是美国玫琳凯化妆品公司的创始人，她在一个由男性主宰管理的世界中取得了有目共睹的成就。有人问玫琳凯·艾施：你成功的秘诀是什么？她说了这样一段令人深思的话："从空气动力学的角度看，大黄蜂是无论如何也不会飞的，因为它身体沉重，而翅膀又太脆弱，可是大黄蜂不知道自己不能飞，它拍着翅膀居然就飞起来了……"

她说的这番话是什么意思呢？其实，她想传达给大家的是，努力发挥自己的潜力，不去想太多，只要努力前行、方法得当，就会有出乎意料的结果。所以，她总是想方设法地激励员工去发现自己的价值，其中赞美就是最重要的激励手段。

一个成功的中层管理者，总是会努力地满足下属渴望被尊重、被欣赏的心理需求，并借助赞美的方式，激励他们发挥出更大的创造力。你的一句肯定和表扬，有可能会决定这个下属的未来；你的鼓励和支持，可能会让一个懒惰的人变得勤奋。

一次，一家服装品牌连锁店有一个店员发现新上架的一件衣服在做工上有问题，就及时把它转移到了顾客看不见的角落。值班经理看到了，称赞她懂得为公司着想，维护品牌的荣誉，还决定当月给她加200块钱的奖金。这个女店员听后，有点受宠若惊，之后的工作更加卖力用心。不仅如此，她还四处对人赞扬那位经理，说在这样的领导手下干活很有价值感。

赞美的力量是强大的，方法得当的赞美能让激励作用放大。我们要多掌握一些赞美的方法，不能只是发奖金，说一些司空见惯的"做得不错"，形式要多样，运用要灵活一些。在此，介绍几种赞扬下属的有效方式。

·寻求下属帮助

对中层管理者来说，偶尔向下属寻求帮助，是让下属认识到自身能力和价值所在的最有效的方式。为什么这样说呢？请求会让人变得"脆弱"，表示自己存在弱点或缺乏必要的技能。向下属寻求帮助，不仅表明对他们专业技能的认可，也体现了管理者对他们的绝对信任，愿意把自己的"脆弱"暴露给他们。

某工厂因经营不善，召开会议决定裁员。一位中层干部不太同意这样的方式，提出以其他方式替代裁员，但没有获得多数成员的支持。回到部门后，即将进行裁员的消息已经人人皆知了，有下属就问他："咱们是要裁员了吗？"

这位中层干部非常真诚，他把自己的想法和顾虑都说了出来，并寻求下属的意见："我不知道该怎么告诉大家，你觉得我应该怎么说？"听过之后，下属的情绪也没有特别冲动，想了想，说："你就告诉大家，你尽力了。然后，谈谈我们离开后应该去哪儿，就可以了。"

实际的情况就是这样，他也按照下属说的方式去做了。结果，部门里的员工并没有产生特别大的怨怼情绪，反倒是觉得这个领导挺有人情味的，面对改变不了的现实，至少他还在努力帮我们"谋后路"。

·询问下属的意见

某公司人力资源部有一位员工，组织能力特别强，HR经理想询问他，对提高工作效率有什么想法和建议。但HR经理没有直接说，而是换了一种方式，说："对于你的组织能力，我是真的很佩服，特别希望能克隆你，这样工作就轻松多了。"接着，HR经理才询问这个员工："对于工作的优化提高、招聘新人、文书工作的简化调整等，有没有什么好的想法？"

在受到了赞美和激励后，这位员工回应HR经理说："您给我点时间，我好好想想再告诉您。"两天以后，他把自己的想法包括经验，整理成了一份书面报告，许多想法都很有创意，给HR部门的工作提供了很有益的参考。

·授予非正式领导权

假如上级对你说："我现在手里的事情太多了，近期公司在售后方面出现了一个大问题，不解决的话会直接导致客户流失。你能不能带领几个人，帮我处理一下这件事？"听到这番充满信任、肯定和期待的话，你是不是觉得自己很被重视，也很有动力去完成？

实际上，这就是授予非正式领导权带来的激励效应。对中层而言，授予下属非正式领导权，就意味着对其技能和判断力的信任，里面包含着无声的赞誉，能够有效地提升下属的自尊，让他们全力以赴。

· 双方共同合作

一位销售精英说，自己有今天的成就，离不开销售主管的栽培。他到公司入职的第一年，主管跟他说："为了提升职员语言表达方面的能力，公司提供了 10 个名额参加演讲会培训，咱们部门有 2 个名额。我觉得你在这方面有潜质，愿意跟我一起参加吗？"

主管的这一请求，让他瞬间觉得充满力量，甚至想到自己将来有一天也可以站在台上跟大家分享心得体会。他很珍惜那次的机会，更不愿辜负上级对自己的信任。此后，他的沟通能力、业务能力都获得了很大的提升，一部分是源自学习，另一部分是源自激励。

赞美是激发一个人进步的源泉，每个人都可能因为一句简单的"你真棒""你一定行"而把事情做得更好。对中层来说，赞美是一种有效的管理方式，简短的赞美不会浪费你的时间和精力，却会起到比冗长的"说教"好上无数倍的效果。

把主人翁意识植入下属的头脑

罗杰·罗尔斯是美国纽约历史上第一位黑人州长，他说过这样一句话："在这个世界上，信念这个东西任何人都可以免费获得，所有成功最初都是由一个小小的信念开始的。"

管理一个部门或团队，经营一个企业或集团，什么样的信念是最重要的？答案就是，主人翁精神。这是组织氛围的要项，是一种信仰，更是一种实践。

在一次企业高层人力资本论坛上，某民营企业的总裁 S 先生，抱怨中低层员工的"打工者心态"直接导致人力资本投资收益率大幅度下滑，感叹员工缺乏主人翁精神，影响了卓越团队的打造。他的抱怨还没有结束，就有人站出来提出质疑。

对方是这样说的："打工者只要能打好工就行了，何必强调他在为谁打工呢？您提出的问题折射出了您的老板心态，对员工的期待超越了他们的岗位职责。您可以要求员工有主人翁精神，但您的企业氛围是否给予了员工主人翁的感受呢？"

最后的这段话，值得所有企业的中高层管理者反思。作为管理者，大家自然希望员工把公司的事当成自己的事，有跟企业同甘苦、共进退的决心，在任何时刻都保持一种主人翁精神。反过来说，你为了这样的愿景付出了哪些努力呢？有没有为员工提供宜人的工作环境，处处体现以人为本的精神？你给员工提供的职业发展机会和收入是否让员工满意？你的企业文化氛围是否有助于和谐工作关系的建立？

如果上述的这些内容，管理层都没有做好，那如何要求员工心甘情愿、死心塌地地与企业联结在一起呢？要提升员工的主人翁意识，首先要提升的是管理者在这方面的意识，特别是中层管理者，他们的一言一行都会深深刻在每个下属的脑海里。员工有没有主人翁精神，有没有主动工作的意识，全看管理者在这些方面做到什么程度。正所谓，上行下效。如果你做得都不到位，都没有把员工视为企业最重要的资本，他们又如何能体会到"我很重要"呢？

某公司因市场环境的剧变，资金链出现了问题，为了度过这个艰难的阶段，老板准备裁员。他把公司各部门的主管召集在一起，准备宣布这个令人难过的决定，可当他看到下属们沉重而不舍的表情时，忽然又改了主意，脑海里浮现出了一个大胆的想法。

他让助理给每位下属发了一支笔和一张纸，纸上有一道选择题——

请选择，您认为自己在公司中的作用？A. 我不重要；B. 我最重要。

几乎所有的下属都选择了答案 B，当老板看到下属的这个回答时，立刻严肃地取消了裁员计划，他还让这些中层们向下传递公司的态度：无论多么困难，绝不削减一个人。

第二天早晨，老板让助理在公司门口竖立起一块醒目的标语牌，上面赫然写着四个大字：我最重要！从这天开始，所有的员工在上班经过这里时，都会不自觉地注视这块牌子。

这四个字让人热血沸腾，充满力量。每个人的脑子里都会萌生这样的想法：老板不舍得裁掉任何一个人，证明他把员工看得比钱更重要。那么，我也不能辜负老板，做公司里多余的人，那是一种耻辱。

之后，没有谁再像以前那样，不关注公司的现在和未来。大家都意识到了一个事实，公司就是自己的家，如果公司垮掉了，自己也将"流离失所"。经过全体员工团结一心地努力，公司总算摆脱了资金链短缺的问题，重新开始盈利。

这个案例中的管理者在看到下属凝重的表情时，进行了一个换位思考：如果我是员工，即将失业，我是什么样的心情？正因为有了这份同理心，他放弃了裁员的想法，站在员工的立场做了一个冒险的选择。

作为员工，起初是害怕自己失业，有一部分人可能还会认为，老板在需要钱的时候可能会"牺牲"一些员工。但是，当他们看到公司的领导没有放弃任何一名员工时，他们内心的责任感、被重视感都被激发了出来。在这样的境遇下，他们也终于意识到，公司就像一个家，家如果垮掉了，对任何人来说都是损失和伤害。

有了这份内在的动力，做事的态度，付出的程度，自然也就不同。公司最后能够扭转不利的局面，在于管理者的主人翁意识影响了员工的意识，当团队中的每个人都迸发出了前所未有的创造力，整个组织也会和从前不一样。

很多中层管理者可能会问：在平时的工作中，该如何让员工建立主人翁意识呢？

·拿出真诚的态度，让员工感受到温暖

对于员工关心的问题，中层管理者要及时与之进行有效的沟通，把公司的真实情告诉下属，让他们迅速而客观地了解公司、融入组织，消除不必要的担心和顾虑。当你拿出这份真诚，员工感受到温暖，体验到这里有尊重人性的氛围，也会乐意成为公司的一分子。

·让员工获得成长，实现个人价值

员工能否对企业、对部门产生归属感，有一个很关键的因素，就是他能否在这份工作中获得成长，实现个人价值。如果

你的下属在你的部门里工作得很不开心，事事受阻，你如何指望他产生主人翁意识？从员工入职开始，你就要帮他一起找到职业定位，让他在合适的岗位上发挥出自身的长处，体验到价值感和成就感。有了这样的感受，他们才会由内产生动力，愿意留在这个集体中。

· 给员工植入"我最重要"的信念

有些员工对自我价值的认识是模糊的，也没有这方面的体验，因而就是为了工作而工作。作为管理者，你要让下属知道，他是可以改变部门乃至整个企业困境的一分子，只要他愿意并认真执行组织的决策，他创造的价值是很大的。

在完成某个项目后，要强调员工为此所做的努力，让他切实地感受到自己的重要性、自己的价值。有了这种正向的体验后，他才会越来越相信自己真的很重要，自信心得到提升，以更大的工作主动性继续努力。这样一来，员工就会跟你站在同一立场，守卫同一战壕，而你也可以节省大量无谓的管理成本。

同样的激励不同的呈现方法

激励是一个提高员工积极性的催化剂，但激励的手段和方式有很多，中层管理者在对下属进行激励时，一定要掌握激励的策略。在这里，着重介绍几种常见又有效的激励策略。

·明暗分开

某销售部门为了鼓励员工提升业绩，要求每个月开一次业绩大会，业绩好的员工要上台接受奖励，业绩较差的员工要当众做检讨。这个措施一经提出就遭到了不少员工的反对，他们的意见直截了当："业绩不好，拿不到提成，本身就已经很难受了，还要上台做检讨。一个部门好歹也有 20 多人，谁没点儿自尊心呢？业绩不好，难不成就是'罪人'？"

虽然这些意见经过助理反馈到部门经理耳中，但他依旧坚持自己的那一套理论，认为这就是奖惩措施。在反对无效后，接连有一些员工辞职了。

显然, 这位部门主管就没有做好明激励和暗激励, 甚至没把两者分开。好的方面自然适合公开激励, 这样有助于获得良好的反应, 扩大积极的影响。有一些普遍性的、大家看法比较一致的、不易引起众人反感的情况, 适合公开激励; 如果是大家意见不同, 又非得奖励不可, 就比较适合暗激励。

上述的例子很直观, 业绩好的员工可能会拿到不少的奖金, 而业绩较差的员工可能当月收入会很少, 在奖赏差距较大的情况下, 再进行公开激励就不太合适了, 会挫伤很多员工的自尊心, 失去激励的作用。如果个别员工业绩较差, 可私下交流, 给予一些精神上的鼓舞和支持, 既不伤对方的自尊, 同时还能带给他支持和力量。

· 动静结合

在一个大项目结束后, 某员工主动提出辞职。这个员工平日表现不错, 主管想挽留, 但他去意已决。公司规定, 任何员工主动提出离职, 经主管批准后都要跟经理面谈, 这样做的目的, 一是为了避免人才流失, 二是为了检查管理疏漏。

该员工的立场很坚定, 在经理面前也就没有了避讳, 完全实话实说: "这个项目做了很长时间, 但这期间除了工资以外, 什么奖励都没有。有时, 我连续加班一周, 主管一句肯定的话也没说, 就好像我应该加班一样。现在, 这个项目做完了, 就发了一个红包, 我实在觉得这份工作做得没什么意义, 完全把员工当成机器了。"

经理听后，恍然大悟：自己的下属，也就是那位部门主管，在进行激励的过程中忽略了动与静的结合，以致员工感觉无论做了多少都只有"死工资"，这样的激励是缺乏弹性和活力的。

按照常理，企业激励的"静模式"应占到 70% 以上，依靠的手段有工资、福利、津贴、年终奖等，也就是上述案例中那位主管采用的"工资＋奖金"的模式；而"动模式"应当占30% 左右，它主要包括以下几个方面：

时间激励——适用于高端人才，在保证工作时长和业绩的基础上，可自主安排工作时间。

空间激励——受奖励的员工可对工作环境、工作空间等提出要求。

情绪激励——关注员工的心理健康、价值观取向和情绪等问题。

专项物质激励——有针对性地提供员工需要的物质或服务。

职业规划激励——为高学历、高素质员工设计有效的职业生涯规划。

·顺逆分清

有句话说："请将不如激将。"有时，你想让某人做一件事，而他推三阻四，这个时候用激将法就比较合适。你可以把问题说得复杂一点，说你做不了的话就帮我找找其他人，刺激他自告奋勇。

虽说逆向激励的效果有时很显著，但在使用的时候一定要把握好度。完全的逆向也可能会产生负面的效果，这就需要中层管理者拿捏好分寸，在顺逆之间小心平衡。

Y跳槽到一家公司担任经理，他的下属中有一位工龄较长的员工，工作效率较低。Y想着"请将不如激将"，干脆就当着其他员工的面，对这位老员工进行了一番讽刺，问他："廉颇老矣，尚能饭否？"没想到，这句话竟惹怒了那位老员工，他生气地怼道："你牛什么？我来公司的时候，你还不知道在哪儿呢！"

这就是管理者没有拿捏好分寸的例子，说的话伤到了对方的自尊心，起到了反作用。除了说话要有分寸以外，还需要注意一点：如果你和对方的交情不够深，也不宜使用逆向激励。案例中的主管属于"空降兵"，他却没有认清这一点，不分场合地用了逆向激励。

领导的过程，就是充分发挥人的作用、调动人的积极性的过程。只有学会用艺术的方法对下属进行激励，才能促使员工发挥出潜能，继而更好地产生领导效能和群体效应。

第 9 项 修 炼

影响力修炼
——通往"无为而治"的唯一通道

三流领导管制别人，二流领导说服别人，一流领导影响别人

身为管理者，不知道你有没有想过：为什么有些员工会在没有加班费的情况下，依然自愿地、辛苦地加班？为什么有些员工能够为领导设定的目标全力以赴？为什么有些人愿意为组织毫无保留地奉献自己所有的才智？

许多人都思索过这个问题，最终得出的答案有些惊人：成功的领导，99% 在于领导者个人所展现的威信与魅力，只有 1% 是在于权力行使；而这种威信与魅力，恰恰来自领导者自身的行为。换而言之，有威信和魅力的领导没有对下属进行管制和说服，而是以自己的言行散发出感染力潜移默化地影响他们。

有句话你可能也听说过："三流领导管制别人，二流领导说服别人，一流领导影响别人。"看似有点调侃，其实是很有道理的。

　　管制和说服往往都跟权力挂钩，身在一定的职位，具有一定的权力，才有管制和说服别人的资格。但是，管制和说服不一定能够让员工发自内心地认同，他们可能碍于权威和面子，表面上顺从了你的意愿，转过头就依然我行我素。

　　家里有孩子的管理者可能感触会更深：想让孩子做好一件事或是不做一件事，用各种条条框框限制他、管束他，或是苦口婆心地给他讲大道理，孩子要么叛逆，和你对着干，要么沉默不语，看似在听，其实是在做无声的反抗。

　　如果换一种方式：父母以身作则，把一些道德、理念践行于生活中，不用过多地去跟孩子讲什么，孩子也会潜移默化地学会那些东西。所以说，相比管制和说服，以身作则的影响力虽是无声的，却有持久的真正效果。

　　古人早就提醒我们："己欲立而立人，己欲达而达人。"意思就是说，只有自己愿意去做的事，才能要求别人去做；只有自己能做到的事，才有资格要求别人也做到。身为企业的中坚力量，单靠权力去管制员工，是难以收获人心的，更不可能让员工积极主动地追随你。唯有以身作则，用无声的言语影响员工，才能让团队形成高度的凝聚力。

　　第二次世界大战期间，美国知名将领巴顿将军在部队里担任中层，他说了一句堪称经典的话："在战争中有这样一条真理，士兵什么也不是，将领却是一切……"听起来有些奇怪，到底是什么意思呢？看完下面的这个故事，你就会理解了。

有一次，巴顿将军带领他的部队行进时，汽车突然陷入深泥。脾气暴躁的巴顿将军大喊："你们这帮混蛋赶快下车，把车子推出来！"军令如山，听到这一声吼，所有人都下来推车。在大家的努力下，车子总算从泥沼中出来了。当一个士兵正准备抹去自己身上的污泥时，惊讶地发现身边一个浑身都是污泥的人竟然是巴顿将军。

这一幕，被那个士兵铭记于心。直到巴顿去世，在将军的葬礼上，这个士兵才对巴顿的遗孀提起这件事，他最后说道："是的，夫人，我们敬佩他！"

看完这个故事，再回顾巴顿将军的那番话，你可能已经领悟到它背后的隐意：士兵的状态，取决于将领的状态；将领展示出的形象，就是士兵效仿的对象。所谓的以身作则，就是把"照我说的做"变成"照我做的做"。

中层管理者是一个组织的先锋，也是员工体会企业文化和价值观的第一个接触点，中层的工作能力、行为方式、思维方法，都会对员工产生很大的影响。想要实现员工的自主管理，中层就得事事为先，严格要求自己，在员工心中树立起威望，这样才能够上下同心。

日本前经团联会长士光敏夫，是一位地位崇高、受人敬仰的企业家。

1965 年，士光敏夫出任东芝电器的社长。当时的东芝，组织庞大、层级很多，虽然聚集了大量的人才，但在管理方面却很松散，员工的效率非常低。

士光敏夫上任后，准备重建东芝，提出了一个全新的口号："一般员工要比以前多用三倍的脑，董事则要多用十倍，我本人则有过之而无不及。"为了践行这个口号，他每天都会提前半小时上班，空出上午7：30—8：30的时间，欢迎员工和他一起动脑，讨论公司的问题。

为了杜绝浪费，他还借助参观的机会，给东芝的董事上了一堂课。

那天，东芝的一位董事想参观一艘巨型油轮。在此之前，士光敏夫已经参观过9次了，所以事先说好由他带路。那天刚好是节假日，他们约好在樱木町车站的门口会合，士光敏夫准时到达，董事乘公司的车随后赶到。

董事说："社长先生，抱歉让您久等了。我看，我们就搭乘您的车前往参观吧！"董事以为，士光敏夫也是乘公司的专车过来的，而士光敏夫却面无表情地说："我没有乘公司的专车，我们去搭电车吧！"

董事当场愣住了，感到特别羞愧。原来，士光敏夫为了杜绝浪费，推行公私分明的管理制度，选择从自己开始，非工作事宜搭乘电车。这次出行给那位董事上了一堂课。很快，这件事就传遍了整个公司，各级员工立刻心生警惕：社长都这样节俭，我们怎能随意浪费公司的物品？就这样，在士光敏夫的带领下，东芝的情况开始逐渐变好。

　　领导者的工作习惯和自我约束力，对员工有很重要的影响。如果领导每天按时上班，工作时间不处理私人事务，对工作尽职尽责，这种生动真实的行为就会直接感染到员工。有了以身作则的基础，再去给员工提要求，对方也更容易接受。

　　总之，你想要什么样的员工，自己就要先成为那样的人。当你成为一位有威望、能以身作则的领导，你的员工也会心悦诚服地为组织付出努力。在整个团队中，你就像是一块磁铁，把所有下属都吸引到一起，为了同一个目标奋斗。

修炼领袖气质，培养一呼百应的感召力

身为企业的中层，你有没有思考过一个问题：是什么原因让员工下定决心追随一位领导者？为什么员工可能对某一位领导者心怀鄙视、抗拒服从，却对另一位领导者死心塌地、追随到底？在现实的世界里，是什么因素造成了领导理论家和成功的领导者的巨大差别？

答案就是四个字：领袖气质。

所谓的领袖气质，就是既能够吸纳人才，又能把事情办好的个人气质。当你在企业中领导下属的时候，你要明白，你的品格和气质是最重要的资本。追随者无法信任那些没有领袖气质的领导者，也难以长久追随这样的领导；一个缺乏领导气质的中高层，就算他拥有全世界最伟大的梦想，没有追随者也是孤掌难鸣。

有句话说得特别好："如果你自以为在领导，却没有人追随在你的前后左右，那你只不过是在独行而已。"成功的领导者，不是看身居何等高位，而是拥有一大批的追随者和拥护者，让组织群体获得良好的绩效。这种追随的获得不是依靠职位等级关系，也不是依靠权力大声地发号施令，而是依靠人格力量、领袖气质和领导的魅力。

1914 年年初，南极探险家沙克尔顿经过严格的挑选，最终从 5000 多名应聘"坚毅号"船员的候选人中选取了 27 个人。经过 5 个月的集训和准备后，这些人跟随他一起离开伦敦，开启探险之旅。

沙克尔顿预计，这次探险要在 497 天后再踏上陆地。出发一个月后，"坚毅号"抵达南极边缘的威德尔海，但随后就陷入冰川中不能动弹。在随冰川漂移了 5 个多月后，船只最终还是被巨大的冰坨压毁。1915 年 10 月 27 日，沙克尔顿下令弃船。

探险队员们决定徒步横越冰雪到达大海，可他们每天的行程连 3 千米都不到，体能消耗却很大。最后，沙克尔顿决定放弃前进，在浮冰上扎营。在食物和遮蔽物短缺的情况下，他们在浮冰上扎营了 5 个月。期间，为了鼓舞船员们的斗志，沙克尔顿虽然也身心俱疲，却还是谈笑风生。此时，他们的食物几乎全部吃完，只能靠企鹅肉和冰雪来维持生存。

后来，他们随冰漂浮到北面的开放水域，利用弃船时抢救出的三艘小救生艇，经过 7 天的航行，抵达了荒无人烟的大象岛。这里什么都没有，留下来也是死路一条。眼见船员们的体能和精神濒临极限，沙克尔顿知道，不能再等了。

沙克尔顿决定和另外 4 名船员乘坐救生艇开始一项几乎不可能的自救行动，目标是横渡 1300 千米的大海，到设有捕鲸站的南乔治亚岛求救。临行前，他秘密地写下了一张字条，交给一位船员收存，相约 20 天后如果他没有返回来时再打开。字条上写着："我一定会回来救你们，如我不能回来，那我也尽我所能了。"

5 个人在狂风巨浪中航行了 16 天，抵达了南乔治亚岛的南岸。由于风浪太大，他们没办法靠岸，只能在救生艇上苦熬，度过了艰难的一夜。之后，他们艰难登陆，沙克尔顿带领其中 2 名船员再次奇迹般地横越了 42 千米被称为"飞鸟难渡"的冰川，到达了捕鲸站。

捕鲸站站长目瞪口呆地望着这三个似乎是从天而降的人时，问："你们是谁？"

走在最前面的人说："我是沙克尔顿……"

深知此行之艰险的捕鲸站站长认为"坚毅号"其他成员已无任何生还可能，一个身强力壮的大汉为此掩面痛哭。沙克尔顿并不认同站长的判断，经过短暂休整，没有彻底恢复的沙克尔顿忧心忡忡地借船开往大象岛，去营救他留在那里的船员。所有人都劝他，留在捕鲸站休息，让别人代劳。但沙克尔顿不同意，说一定要亲自去，因为出发前他有过承诺。

由于风浪过大，前三次的营救都失败了。8 月 30 日，当第四次出发的营救船终于靠近大象岛时，心情激动的沙克尔顿两眼直盯着前方，隐约看到人影时，他就急忙清点人数：1、2、3、4……他喜极而泣，说道："他们全都在！"终于，他实现承诺接走了留在大象岛上的所有船员。

事后，有人问这些船员，是什么样的力量支撑着他们。一个船员说："我们坚信沙克尔顿能成功，他有这个能力。如果万一他失败了，我们也相信他尽力了……"这位船员的话和那张根本没打开的字条里的话，出奇地相似。再问那个保存字条的船员：为什么超过了预定的时间，却没有打开字条？他说："因为我和剩余的所有船员都相信，沙克尔顿会成功，他不会丢下我们不管……"

对于探险南极的计划来说，这次任务是失败的，但它却成了人类历史上体现英勇和顽强斗志的典范。在生存希望几乎为零的情况下，沙克尔顿临危不惧，表现出坚毅的信念和诚信的高贵品格，展露出鼓舞队员士气、激发团队精神的领袖气质，是现代社会需要学习的榜样。

看完这个故事，大家可能对"领袖气质"的理解更加深入了。所谓的"领袖"，不仅仅是在团队中充当核心的角色，还应当通过言行举止、人格魅力，引导团队出色地完成某些任务。不夸张地说，管理者的领袖气质和影响力，比职位、薪水和奖金更吸引员工，而这也是真正促使人才发挥出潜能、实现目标的关键所在，它能把许多看似不可能完成的任务，变成可能乃至奇迹。

也许，有些中层管理者会担心和怀疑：自己是否具备足够的魅力呢？其实，不必为之焦虑，因为领袖气质是可以培养和提升的。一位知名的社会心理学家说过："每一个人都有一方魅力的沃土，他们在等待着你去开垦。"

那么，该如何培养出领袖气质呢？

· 培养超凡的特质

尽快培养和发展一项吸引追随者的超凡特质，比如职业目标。你要宣传它，让追随者相信它是值得全身心投入的。这样一来，就能够激发员工的追随意愿。

· 一切从实际出发

中层管理者要实事求是，正所谓"实则信，虚则疑"，只有一切从实际出发，说实话、办实事，才能获得追随者的信任。那种弄虚作假、敷衍糊弄的行为，只会令人怀疑、失望。

· 不轻易做出承诺

对于追随者提出的各种要求、碰到的各种困难，要认真分析，广泛求证，再做出答复。你能够办到的，就尽力去办；暂时有困难无法办到的，也要如实告知，求得追随者的谅解。总之就是，言必行，行必果。

·对下属一视同仁

秉公办事，一视同仁。身为团队的核心角色，要对所有追随者一视同仁，不可搞小恩小惠或"小动作"，这样的话不利于员工之间的团结，得利的人可能会得寸进尺，没有被照顾到的人可能会心存怨怼。

·遇到问题有担当

检讨任何过失的时候，一定要先从自身或自己人开始反省。如果是自身的责任，就要勇敢地承担，而对于"怕事"的人和组织，也要敢于指出来。

·引导追随者实现目标

每个追随者的年龄、背景、性格、能力都不同，领袖气质犹如黏合剂，把这些不同人的不同特质黏合起来，发挥出最优的效用。正因为此，下属们才心甘情愿跟着这样的领导，因为他就像一个导师，指引着团队走向成功的同时，也让每个人找到了自己的价值。

当然，上述这些还远远不够。想培养领袖气质，还需要学会从大局出发、懂得倾听、重视身边的每一个人……总之，就是要尊重人格的力量，靠魅力感染他人，靠威信赢得人心。

既要成为梦想家，也要成为愿景者

杰克·韦尔奇曾说："公司前进的第一步也是最重要的一步，就是要用概括性、明确的语言确定公司的目标。这个目标应该是远大的，而且必须是浅显易懂的，是明确而富有吸引力的，这样才能促进企业的进步。"

每一个成功的领导者，都是怀有远见的梦想家。他们从内心深处就不甘于平庸，有自己的人生规划，有一颗蠢蠢欲动的野心，更重要的是知道如何去实现自己的野心，并且知道如何鼓舞自己去追求梦想。

1949 年的一天，有个 24 岁的年轻人带着自信的笑容走进美国通用汽车公司应聘。当时，公司只有一个空缺的职位，而负责面试的人也告诉这个年轻人，那个职位太重要了，竞争也很激烈，你是新手很难胜任。但是，年轻人的回答很坚定："不管工作多么棘手，我都可以胜任。不信的话，我做给你们看……"

年轻人自信的气场感染了面试官，面试官给了他一个机会。

年轻人进入公司工作后，首先认识了一个叫阿特·韦斯特的人，他对自己的新朋友说："我将来要成为通用汽车公司的董事长。"当时的阿特·韦斯特觉得他是在吹牛。可是，32年之后，这个名叫罗杰·史密斯的年轻人真的坐上了通用公司董事长的位子。

在很多人看来，罗杰·史密斯年轻时说的那番话，简直就像是傻子在表演，真是不知天高地厚。一个个刚刚来面试的人，竟然宣扬要做公司的董事长，这怎么可能？可事实上，罗杰·史密斯做到了。

这个世界上，每件成功的事情，在它没有变成事实之前，就只是一个梦想。企业要发展壮大，团队要日益精进，没有远大的梦想和目标是不行的。未来，首先存在于梦想中，而后再存在于意志里，最后才能变成现实。

成功的组织和团队，无一例外都有一个要努力追寻的目标，而卓越的领导者也无一例外拥有远大的梦想，这是他的动力，他的方向。当然，作为企业的中层管理者，只拥有远大的梦想是不够的，还必须要成为一个愿景者，掌握团队成员的期待，并且将这种期待变成一种愿景和目标。换句话说，领导者在规划自己和组织的愿景的同时，还要让所有的追随者都明白达到愿景的过程，以激励他们为了这个愿景和目标付出努力。

拿破仑带领士兵进攻意大利，这样的行动中包含着他自己的梦想，但他也没有忘记士兵们的期待，变身成一个愿景者：

"我将带领大家到世界最肥美的平原去，那里有名誉、光荣、富贵在等着你们！"如此美丽而具体的愿景呈现在士兵面前，他们必然大受鼓舞，去努力实现胜利的目标。

梦想，只是一个开端，能否把梦想传递给所有的追随者才是成败的关键。正如人们所说，一个人可以走得很快，但一群人能够走得更远。管理是管人，但管人的行为不如管人的欲望。当中层管理者能够把自己的梦想、自己的欲望变成团队中所有人的梦想、所有人的欲望时，整个团队都会围绕着这个共同的梦想和欲望而努力。

本田摩托车曾经一度叱咤美国市场，但创始人本田宗一郎却突然提出要开发东南亚市场。当时，东南亚的经济刚刚起步，生活水平较低，摩托车对当地来说可谓高档消费品，很多人都不明白本田宗一郎为何要提出这样的经营战略？

就此问题，本田宗一郎拿出一份详尽的调查报告，解释说："美国经济即将进入新一轮衰退，摩托车市场的低潮很快就会到来。如果我们只盯住美国市场，稍有风吹草动就会损失惨重。东南亚的经济已经开始腾飞，只有未雨绸缪，才能处乱不惊。"

为了执行这个战略，本田宗一郎说服了公司的管理层，把摩托车市场的中心转向东南亚。果不其然，一年半后，美国经济急速下滑，许多企业的产品开始滞销，而本田摩托车此时开始在东南亚走俏，本田公司不仅没有因美国的经济危机遭受损失，业绩还得到了提升。

本田宗一郎事先洞察到了美国经济所处的形势，以及东南亚市场的潜力，因此他有了个人的梦想和目标，就是开拓东南亚的摩托车市场。随后，他又说服企业管理层转移经营战略，通过对东南亚市场的愿景描述，让企业各层人员对东南亚市场前景树立了信心，大家共同朝着这个愿景努力，最终创造佳绩。

领导，在管理学上的定义是："影响和推动一个群体或多个群体的人们朝某个方向和目标努力的过程。"对中层而言，工作的核心就是推动和影响，担负起愿景使命，并促使其他成员去执行。用通俗的语言来说，就是要学会"贩卖梦想"，通过描述未来前景的具体模样，点燃员工的工作热情，驱动大家不断向前。

关键时刻有勇气说一句"跟我来"

这是一个和狼有关的故事，但也是一个关于领导内涵的故事。

偶然一次，森林里起了大火，火焰迅速烧到了狼的住处。在熊熊烈火的追赶下，狼群快速地沿着山路奔跑。然而，一道悬崖切断了它们的逃生之路。这道悬崖，说宽不宽说窄不窄，狼群跃过这道天堑，需要完成两次腾跃。要命的是，悬崖中间没有第二次腾跃的蹬足点。

大火在狼群的身后肆无忌惮地蔓延着，眼看就要烧到它们了。在这万分紧急的时刻，几只老狼聚集在一起，交头接耳地商量了一番，而后回到狼群中，说，"现在你们立即分成两队，一队全部是身老体弱者，一队全部是身强力壮者。"

队伍排好以后，老狼命令队伍先从悬崖边向后撤退了一段距离。接着，站在队伍最前面的一只老狼和一只年轻的狼结成一对，一起飞快地跑到崖边，同时跃起。跃得较低的老狼和跃得稍高的年轻的狼，在空中划出两道相邻的弧线。只见，在它们同时往下降的一瞬间，年轻的狼蹬了一下老狼的背，借助这个蹬足点跃到了对岸，而那头老狼却坠下了山崖。

紧接着，后面的狼都像它们这样，一对接一对地向对岸跃去。不一会儿，所有年轻的狼都蹬着老狼的脊梁跃上了悬崖的对岸；所有年老体弱的狼都完成了自己的使命，全部葬身于悬崖下。面对悬崖，幸存下来的年轻的狼纷纷跪下，泪水滚滚，哀鸣声惊天动地。

作为团队中的领导者，要有超乎寻常的远见卓识，其中的一项重要任务就是，让追随者知道该朝哪个方向前进，该选择哪一条路，在某条路的前方有怎样的风险和利益；在必要的时刻，还应该走在队伍的前面，逢山开路遇水架桥；在大家茫然无措的关键时刻，敢说一声"跟我来"，让团队士气振奋，凝聚起强大的冲击力，走出困境。

曾有人说，是"9·11"事件成就了纽约前市长鲁迪·朱利安尼。

的确如此。当世界贸易中心双塔倒塌时，朱利安尼第一时间赶了过来，直接或间接地下达了数百道命令，他一声"跟我来"，开始亲自指挥在场的数百名人员进行救援活动，抢救遭摧毁的公共设施，并且前往医院慰问受伤者和罹难者的家属。他说："我必须露面，我是纽约市市长，如果我没出现，对这个城市将更加不利。"

在那段时间里，他频繁出现在全国性媒体的电视画面上和广播里，为美国的民众提供各种重要的信息。他号召大众进行遍及全市的反恐行动，澄清了纽约市没有遭遇生物或化学武器攻击的事实，他还说："明天的纽约就将屹立于此，我们将要重建，而且我们也会变得比之前更坚强……我希望纽约市民们为全国的人民树起榜样，也为全世界的人们树起榜样，告诉他们，恐怖主义不会阻止我们的。"

在朱利安尼坚强、理智的带领下，纽约市民最终度过了这场前所未有的恐怖袭击。对"9·11"事件的处理，可谓朱利安尼生涯中最耀眼的闪光点。他临危不乱的领导能力、组织能力，感染着所有人。因其突出的领导能力和出色的危机处理表现，朱利安尼获得"美国市长"这一称号。

关键时刻，敢说一声"跟我来"，是一种勇于奉献的精神，也是一种勇于承担责任的行为。领导者能够做到这一点，他的影响力将毋庸置疑地强大。当然，在风险或危机来临之际，敢说"跟我来"的底气，源自平时提前做好的准备。就以朱利安尼为例，他在上任之初曾花了一年多的时间学习《危机管理》这门功课，内容包括生化武器或炸弹攻击等发生时的处置，并且反复检讨与练习。后来，发生了"9·11"事件，这个意外前所未有，但他能快速、准确地做出反应，这不是"临阵磨枪"就能做到的。

如果你还在为自己的影响力不够而烦心，为没有机会成为团队的精神领袖而烦恼，那么你不妨先问问自己以下3个问题：

——在面对困难时，我是退避三舍，还是迎难而上？

——在面对风险时，我是逃之夭夭，还是破釜沉舟？

——在面对失败时，我是将责任推卸给别人，还是敢于担责？

你的影响力是大是小，你是否能够成为出色的中层，不是在于你说了什么，而是在于关键时刻你为团队、为下属做了什么。

多一点"我们"少一点"我"

一家经营不善濒临倒闭的毛衣厂，面向社会招聘厂长。经过多轮选拔，最终的候选人有三位，两男一女。在竞聘会上，三位候选人分别上台做竞聘演讲，由坐在台下的职工代表们对他们进行提问，再商讨出最合适的人选。

结果，三位当中唯一的一位女士获得代表一致认可，成功地当选了厂长。厂内的职工都说：这位女士一定有很高的领导才能，才能得到职工代表的大力拥护。参与这次竞聘的职工代表却表示，她之所以能够胜出，是因为在回答问题时展示出很强的亲和力，把话真正说到了代表们的心窝里，让大家感受到，她是一个真正能干实事，能够带领工厂走出困境的好厂长。

让我们回顾一下竞聘的过程：

企管处的处长问："在企业管理方面，你是个外行，请问你会以什么样的理念来管理整个工厂？又准备怎样调动起大家的生产积极性？"

女候选人答："论管理企业，我并不认为自己是外行，何况我们厂还有那么多懂管理的干部和技术高明的老工人，更有许多朝气蓬勃、勇于上进的年轻人。我上任后，第一件要做的事就是把老师傅请回来，把年轻人的工作、学习和生活安排好，让每个人都干得有劲，干得舒畅，把工厂当成自己的家。"

一位资深技术工人代表问："咱们厂现在不景气，去年整整一年没发奖金，我要求调走，你上任后能放我走吗？"

女候选人答："你要求调走，是因为工厂办得不好，如果把工厂办好了，我相信你也就不会走了。如果我当上了厂长，那么请你再留半年，如果厂子没有起色，到时我一定放你走。"话音刚落，全场爆发了雷鸣般的掌声。

工会代表问："以现在厂子的状况必然要进行机构和人员精简，你上任以后打算裁掉多少人？"

女候选人说："调整干部结构是大势所趋，现在科室的干部显得人多，原因是事少，如果事情多了，我们不但不会裁人，还可能要对外招人。我来以后，第一目标不是裁员，而是扩大业务、发展生产。"

女工代表问："我是一名女工，现在怀孕7个多月了，还让我在车间里站着干活，你说这合理吗？"

女候选人说："我也是女人，也怀孕生过孩子，知道什么是合理的事，什么是不合理的事。合理的要坚持，不合理的一定改正。"女工们立即活跃了起来，有的人激动地说："我们厂大多是女工，真需要一位体贴、关心我们的厂长啊！"

这样的回应让女候选人赢得了厂里各个部门干部、工人的广泛支持。正所谓："感人心者，莫先乎情。"真挚、诚恳、值得信赖，就是那位女候选人带给人的印象。她在竞聘会上说了很多温暖人心的话——"把工厂当成自己的家""我也是女人，也怀孕生过孩子，知道什么是合理的事，什么是不合理的事"，她那颇具亲和力的气场感染了员工，也帮她获得了成功。

亲和力是一种使人愿意亲近和接触的力量。在日常的管理工作中，中层管理者展示亲和力最简单、最直接的方法就是：多说"我们"少说"我"。多强调"我们"，会让下属感觉你与他们是"命运共同体"，从而加强彼此之间的吸引力；如果总是说"你""你们"，给下属的感觉就是，你们之间有不同的立场，你是居高临下的。

美国前总统尼克松很擅长用"我们"的力量来提升亲和力与影响力，拉近自己与群众之间的距离。当年，在提出美国历史上最大一笔联邦预算时，他向所有国民呼吁："伟大的政府掌握在我们大家手中，利用我们大家的钱来建立国家的时刻已经来到了。"尼克松以"我们"来赢得美国国民的心，结果取得了成功。

再看一些著名的演说家，他们在演讲时也很少说"我"，而是常用"我们"这个词语。这样会在无形之中与听众拉近距离，悄然中形成了一种共识：这是我们大家的，从而产生共鸣。演说家的感染力是怎么来的？就是将自己融入听众，让听众接受自己，被自己的气场所感染，最终被说服。

你想要说服某位下属或是整个团队去执行一项任务或完成一个目标，如果只站在自己的立场说得天花乱坠，即便你说得很有道理，这种影响力也是微弱的，难以感染他人，甚至还会让人产生误解，认定你是为了个人利益在演戏，难以聚拢人心。

林肯说过："如果你想劝说一个人信从你的立场，首先要让他相信你是他忠实的朋友。"作为中层管理者，换一种方式跟周围的人说话，多使用"我们"这两个字，给人的感觉会很不一样。它会让你具备吸引力和凝聚力，让听者认为你和他们的利益是一致的。一旦他们有了这种认知，你们之间就算有再坚硬的障碍也会烟消云散，所有人都会倾向你这边，这就是"我们"的力量。

管理是严肃的爱，以诚心换忠心

一个青春期的孩子，我行我素，说什么都听不进去，甚至有过激的行为。父母很苦恼，求助于心理专家。心理专家问道：这个孩子早年是你亲自抚养的吗？父母表示很愧疚，早年忙于工作，把孩子丢在老家，让家人帮忙照看。

现实中类似这样的情况比比皆是，为什么会这样呢？心理专家给出的答案是：这些父母错过了孩子心理教育的最佳时点。父母在孩子生命初期的付出与陪伴，不仅仅是心力和体力上的付出，你在这个过程中积累下来的，是对孩子的心理影响力和心理控制力。

心理抚养的第一步，其实是情感抚养。人与人之间，之所以距离远，是因为心远；之所以距离近，是因为心近。这一点，不仅适用于亲子教育，也适用于企业和团队的管理。

西洛斯·梅考克是美国国际农机商用公司的老板，当有员工违反公司的制度时，梅考克会毫不犹豫地按照章法处理，但他的严苛不是冷血无情的，他总能设身处地地为员工着想，体贴他们的疾苦。他一直认为："管理是一种严肃的爱。"

有一次，在梅考克公司工作了10年的一位老员工违反了工作制度，酗酒闹事、迟到早退，还因此和工头吵了一架。依照公司的规章制度来看，这种行为是最不能容忍的，无论谁触犯了这一条规定，都会被坚决地开除。当工头将这位老员工的闹事行为上报后，梅考克迟疑了一下，但还是提笔写了四个字：立即开除。

梅考克与这位老员工是患难之交，他原本想着下班后到这位老员工家里了解一下情况，没想到这位老员工在接到被开除的通告后，火冒三丈，气呼呼地找到梅考克，冲他大喊："当年公司债务累累，是我和你一起走过来的，三个月不拿工资也没有怨言。现在，就因为我犯了这点错误，你就把我开除，真是一点情分也不讲！"

听完老员工的抱怨，梅考克平静地说："你是老员工了，公司的制度你应该都了解，也应该带头遵守……再说，这不是你我之间的私事，我只能按规矩办事，不能有任何的例外。"

接着，梅考克仔细地询问了老员工闹事的原因，通过沟通了解到，这位老员工的妻子最近去世了，留下两个年幼的孩子。一个孩子跌断了一条腿，住进了医院；另一个孩子因为吃不到妈妈的奶，得不到细致的照料，总是号啕大哭。老员工陷入了极度的痛苦中，故而借酒浇愁，结果耽误了上班时间，还跟工头发生了冲突。

得知事情的原委后，梅考克十分震惊，他说："是我们不了解你的情况，对你的关心不够。现在你什么都不用想，快点回家去，料理好家里的事情并照顾好孩子。"接着，梅考克又说了一番肺腑之言，"你不是把我当成你的朋友吗？所以你放心，我不会让你走上绝路的。"说完，就从包里掏出一沓钞票，塞到老员工手里。

老员工被梅考克的真诚感动了，眼里噙着泪水，哽咽着说："我想不到你会这样好。"

梅考克嘱咐老员工："回去安心照顾家吧，不必担心自己的工作。"

听了梅考克的话，老员工转悲为喜，问道："你是想撤销开除我的命令吗？"

梅考克亲切地问道："你希望我这样做吗？"

"不，我不希望你为我破坏公司的规矩。"

"对，这才是我的朋友，你放心地回去吧，我会适当安排的。"

梅考克没有改变开除这位老员工的决定，但他在维持公司制度的同时，又给这位老员工安排了其他工作，让他到自己的一个牧场做管家。这样的安排，不但解决了员工的实际困难，让他一家人的生活有保障，更重要的是，还能够赢得公司其他人的心。大家都相信，这样一个关心员工的人，值得他们为之拼命工作，因为"老板一定不会亏待我们"。

人心是最神秘莫测的世界，想要开启这扇紧闭的大门不容易，但也不是没有办法。我们永远都不能忽视真诚的力量，人在做出某种决定的时候，并非只依靠理性的思维，很多时候是依赖感性的直觉。换句话说，感情可以帮助我们突破难关，也能够让反对者变成拥护者，因为温暖和爱是可以流动的，是会感染到周围人的。

现代领导者与下属之间，已经不再是君臣、主仆式的关系了，谁也无法简单、粗暴地支配别人做什么。要想使你的意图、决策被下属心甘情愿地付诸实践，最重要的一个决定因素就是，你对他们的关爱程度。一个不懂得关爱下属的中层，必将是一个失败的孤家寡人。

与下属相处，首要是用诚心去打动他们。所谓诚心，就是尊重下属的工作与才华，从小事中去关心他们，帮助他们解决工作和生活中的困难，帮助他们成长，对他们的进步予以关注和肯定。别小看诚心的力量，它会让下属与你的想法同步。你心里装着他们，他们才会替你着想、维护你。